民族之魂

洁身自好

陈志宏◎编著

延边大学出版社

图书在版编目（CIP）数据

洁身自好 / 陈志宏编著 . -- 延吉 : 延边大学出版社 , 2018.4（2023.3 重印）

（民族之魂 / 姜永凯主编）

ISBN 978-7-5688-4525-0

Ⅰ . ①洁… Ⅱ . ①陈… Ⅲ . ①品德教育－中国－青少年读物 Ⅳ . ① D432.62

中国版本图书馆 CIP 数据核字（2018）第 069099 号

洁身自好

编　　著：陈志宏
丛 书 主 编：姜永凯
责 任 编 辑：孙淑芹
封 面 设 计：映像视觉
出 版 发 行：延边大学出版社
社　　址：吉林省延吉市公园路 977 号　　邮编：133002
网　　址：http://www.ydcbs.com　　E-mail：ydcbs@ydcbs.com
电　　话：0433-2732435　　传真：0433-2732434
发行部电话：0433-2732442　　传真：0433-2733056
印　　刷：三河市同力彩印有限公司
开　　本：640×920 毫米　　1/16
印　　张：8　　字数：90 千字
版　　次：2018 年 4 月第 1 版
印　　次：2023 年 3 月第 2 次印刷
ISBN 978-7-5688-4525-0

定价：38.00 元

人有灵魂，国有国魂；一个民族，也有民族魂。

鲁迅先生曾经说过："唯有民魂是值得宝贵的，唯有他发扬起来，中国才有真进步。"

鲁迅先生以笔代戈，战斗一生，曾被誉为"民族魂"。

民族魂，顾名思义，就是一个民族的灵魂！民族魂，是一个民族的精髓，体现了一种民族的精神，是一个民族生存和存在的精神支柱。

什么是中华民族的民族魂？那就是中华民族精神！它是中华民族凝聚力的理念核心，是中华文明传承的基因。它包含热烈而坚定的爱国情感，对生活的美好愿望和追求，为目标努力奋斗的拼搏毅力，为正义事业不惜牺牲自己的精神，以及正确的人生观和价值观。

前 言

翻开浩瀚的中国历史长卷，我们可以看到数不胜数的，体现民族精神和民族魂的英雄人物和可歌可泣的感人故事。

民族魂，不仅体现在爱国主义精神和行动中，而且体现在各个领域自强不息的民族奋斗中。而中华民族精神的力量，更是深深植根于延绵几千年的传统文化之中，始终是维系中华各族人民共同生活的纽带，是支撑中华民族生存和发展的精神支柱，是不断推动中华民族前进的强大动力。

民族魂体现在"重大义，轻生死"的生死观中；民族魂体现在"国家兴亡，匹夫有责"的使命感中；民族魂体现在"我以我血荐轩辕"的大无畏精神中；民族魂

体现在将国家利益置于最高的爱国情怀中！

纵观中华五千年文明史，曾经有多少杰出的政治家、军事家、思想家、文学家、科学家、艺术家；曾经有多少忧国忧民、鞠躬尽瘁的仁人志士；曾经有多少抗击外敌、英勇献身的民族英雄。他们或顺应历史潮流，积极改革弊政，励精图治，治国安邦，施利于民；或为人类进步而不断进行着农业、工业、科技、社会等各种创新；或开发和改造河山，不断创造着灿烂的中华文明；或英勇反击外来侵略，捍卫着国家主权和民族尊严；或坚决反对民族分裂，维护国家的统一……他们从不同的侧面，体现了中华民族的民族魂，谱写了几千年中华文明的壮丽诗篇，铸造了中华民族高尚而坚不可摧的"民族之魂"。

民族魂，就是爱国魂。从屈原在汨罗江边高唱的《离骚》，到文天祥大义凛然赴死前的"人生自古谁无死，留取丹心照汗青"的诗句；从岳飞的岳家军抗击入侵金兵，到郑成功收复台湾；从血雨腥风的鸦片战争，到硝烟弥漫的十四年抗战，再到抗美援朝的隆隆炮声……哪个为国捐躯的英雄不是可歌可泣的？

民族魂，就是奋斗魂。从勾践卧薪尝胆，到司马迁秉笔直书巨著《史记》；从鉴真东渡传播佛法终在第六次成功，到詹天佑自力更生建铁路；从袁隆平百次实验成为"水稻之父"，到屠呦呦的青蒿素获得诺贝尔奖……哪个不是历经艰难，最终取得成功？

民族魂，就是改革献身魂。从管仲改革到商鞅变法；从王安石变法到百日维新……哪次变法图强不是要冲破旧势力的阻挠，或流血牺牲？

民族魂，就是创新魂。古有毕昇发明活字印刷，今有王选计算机照排；古有指南针、造纸术、火药、浑天仪、地动仪的发明，今有神舟号的相继飞天……哪个不是中华民族的智慧结晶？

自古以来，多少仁人志士为了维护人格的尊严和民族气节，以生命为代价！留下了"玉可碎不可污其白，竹可断不可毁其节"的称颂；有多少英雄豪杰，为理想和事业奋斗，面对死亡的威胁，大义凛然；有多少爱国壮士面对侵犯祖国的列强，挺身而出而献出生命。

伟大的中华民族孕育了五千年的辉煌，五千年的历史留下了璀璨的中华文明。

前 言

中国人的血脉流淌着顽强不屈的精神！我们的先辈用血汗和生命铸就了不朽的中华民族魂！换得如今中华大地的一片祥和安宁，换得我们现在的幸福生活。如今，我们要实现习近平主席提出的中国梦，依然需要我们秉承祖辈留下的这种"民族魂"。

青少年是国家的希望，亦是民族的未来。因此，爱国主义教育和励志图强教育要从青少年开始。为了增强对青少年的民族精魂和志向教育，我们精心编写了本套丛书——《民族之魂》丛书。

本套丛书将我国有史以来体现民族精神和民族魂的典型事迹，以通俗易懂的语言故事形式展现出来，适合青少年的阅读水平和欣赏角度。书中提供的人物和事件等故事，涉及社会的各个方面，有利于青少年学习和理

解，使读者能全方位地领悟中华民族精神。

为了帮助读者更好地理解和吸收故事的精神，编者在每篇故事后还给出了"心灵感悟"，旨在使故事更能贴近现实社会，让读者结合自身的需要学习领会，引发读者更深入的思考。

希望读者们可以从本套图书中获得教益，通过阅读，真正体会到中华民族之魂所在，同时能汲取其精华，不断提升自己各方面的素质和品格，为祖国新时代的建设和发展做出努力。

全套丛书分类编排，内容详尽，风格独具，是广大读者尤其是青少年爱国励志教育的优秀阅读材料。相信本套丛书一定可以成为青少年朋友的良师益友。

洁身自好，自古以来被推崇的为人处世之道。在《荀子·不苟》中有："君子崇人之德，扬人之美，非谄谀也；正义直指，举人之过，非毁疵也；言己之光美，拟于舜、禹，参于天地，非夸诞也；与时屈伸，柔从若蒲苇，非慑怯也；刚强猛毅，靡所不信，非骄暴也。"要成为这样的洁身自好的君子，是不容易做到的事。

莲花是高洁的代名词，莲花出淤泥而不染，莲茎中通外直，不蔓不枝；莲花香远益清，沁人心脾。做人要如莲花般高洁、淡雅、清新，秉直不虚。不染就是有铮铮傲骨，不屈服于恶人，不同流合污，宁穷断骨头，也不向恶人低头。

历史上，我们的先贤们大多有这样的思想：穷则独善其身，达则兼济天下；己所不欲，勿施于人；君子慎独；贫贱不能移，威武不能屈，富贵不能淫等，都是要洁身。洁身，就是要干净做人、干净做事。自好，就是保持个人良好的本色和品质，不趋炎附势，不违心做人做事。许多高人因不满世事的污浊而宁可归隐，也不愿同流于市；"众人皆醉我独醒，举世皆浊我独清"的屈大夫，宁投江也不屈；诗仙李白宁可流落市井穷乡，也不肯与奸臣同朝。

在物欲横流的社会，在人心善变的世界，一个人要经得起金钱、美色、权力的诱惑。如果不能洁身自好，就有可能被污损。诱惑实在太多，而且防不胜防，如果意志不够强，就可能随波逐流。在人世中，保持洁身自好需要见识、情操、理想、信念。

本书中，我们精心选编了一些体现"洁身自好"精神的经典故事，希望读者通过阅读此书，更深刻地理解它的内涵意义，从中有所领悟、有所启迪。在自己的日常生活和学习工作中，能够以他们为楷模，做到洁身自好，真诚秉直，不断地完善自我，抵制各种不良诱惑，抵制社会上的歪风邪气，做一个有高尚品德的人。

目录
CONTENTS

第一篇

君子慎独自敛

赵壹恃才扬名

赵壹（生卒年不详），字元叔。主要事迹见于汉灵帝年间（168—189），东汉汉阳郡西县（今甘肃陇南礼县）人。汉代著名辞赋家、书法评论家。其代表作《刺世疾邪赋》直抒胸臆，对后世赋体的风格有很大影响。

东汉时期制定了上计制，即在每年的年终，地方官都要派人到京城上计簿，汇报一下本地一年中的人口、钱粮、治安、狱讼等情况。

光和元年（178年），赵壹作为上计吏，前往京城向皇帝上计。当时，受计的是司徒袁逢，各郡上计吏多达数百人，全都拜伏在朝堂中，无人敢仰视。在这些人中，只有赵壹一个人不肯下拜，只是施长揖礼。

袁逢感到这个人很特殊，便令左右将他带到跟前，责问他说："你是一个下郡计吏，见到三公不拜，却只行揖礼，这是为何？"

赵壹回答说："当初郦食其见到汉王刘邦时，也是不拜而长揖的。今天我对您行揖礼有什么可奇怪的呢？"

　　袁逢听完赵壹的话，觉得他很有见识，便走下台阶，亲自拉住他的手把他请到上座，询问他郡中之事。

　　赵壹说完后，袁逢十分高兴，对下面跪拜的人说："这个人是汉阳的赵元叔，朝臣中没有人能够比得上他，我今天请他与你们分坐，以示特殊的礼待。"一时满座都向赵壹投来羡慕的眼光。

　　从袁逢那里出来后，赵壹又去拜访河南尹羊陟。

　　羊陟觉得赵壹名小位微，根本不见他。而赵壹则认为，要想让自己的声誉显赫，就要让羊陟知道自己，于是他每天都前来求见。羊陟无奈，只好勉强答应见他。

　　一天早上，羊陟还没起床，赵壹就来求见了，羊陟索性就躺在床上，以示对他的轻视。

　　赵壹根本不在乎这些，而是径直进入寝室，站在羊陟的床榻前，说："我在西北，久闻您的大名，今日才得以机会见到您，您就与世长辞了，我的命好苦呀！"说完，他居然号啕大哭起来。外边的人听了都大为吃惊，以为羊陟真的死了，都纷纷奔进来看个究竟。

　　羊陟这才知道，赵壹并非常人，因此急忙起床，请赵壹到客厅长谈，并被他的才能所征服。

　　第二天一早，羊陟便带着大队人马亲自去拜访赵壹。当时，各郡的计吏都住在一起，其他计吏都将车马装饰得十分漂亮，只有赵壹的车是柴车草屏，停在一些精美华丽的车马旁边。

　　羊陟来到后，赵壹将他请到里边，然后坐在柴车旁与之促膝而谈。旁边的人见了，都觉得十分惊奇。

　　羊陟与赵壹畅谈了很久。临别时，羊陟握住赵壹的手说："你就是一块未剖的璞玉，一定会有人泣血相明的。"在羊陟和袁逢的影响下，此后赵壹声名鹊起，京城的士大夫们都想与其结交。

封建社会身居高位者，未见得是凭真才实学走到这一步的。但他们却要标榜自己有多少才能，这样就给了士人凭借才能与达官贵人对话的机会。赵壹正是抓住了这个机会，才获得了成功。

■史海撷英

赵壹拜访皇甫规

公元167年，汉桓帝逝世，汉灵帝即位。不久，赵壹被聘作汉阳郡上计吏。第二年，赵壹到洛阳向朝廷去上计簿，报告郡内全年的人口、钱粮、贼盗、狱治等情况。他得知度辽将军皇甫规去年夏天因为在奏对中指责朝廷"贤愚进退，威刑所加，有非其理"得罪了宦官，被迁作弘农太守。因此，返回时便顺道去拜访皇甫规。

皇甫规乃当朝名臣，贯于抨击奸佞，痛恨宦官，推贤荐能，所教生徒皆刚正清廉，名扬天下。然而赵壹到皇甫规门上时，门卫不肯马上通报，最后赵壹只好悄悄走了。

等皇甫规听到报告后，大吃一惊，立刻修书一封，言辞恳切，请主簿带上骑马追赶。赵壹见信后并未回头，只写了封回信交给主簿。在信中，他不仅表达了对皇甫规的仰慕，还对他怠慢接纳士人的表现提出了严厉的批评："实望仁兄，昭愍迟，以贵下贱，握发垂接，高可敷玩坟典，起发圣意，下则抗论当世，消弭时灾。岂悟君子自生怠倦，失恂恂善诱之德，同亡国骄惰之志！"

疾邪诗

（汉）赵壹

势家多所宜，咳唾自成珠。
被褐怀金玉，兰蕙化为刍。
贤者虽独悟，所困在群愚。
且各守尔分，勿复空驰驱。
哀哉复哀哉，此是命矣夫！

陈、雷二君子的故事

雷义（生卒年不详），字仲公。东汉鄱阳县人。他为官公正廉明，忠直敢言，为人谦虚谨慎，乐于助人。其廉洁自律的崇高品德，至今仍受到人们的称赞。

陈重，字景公，东汉豫章宜春人，天生性情敦厚大度。他和豫章鄱阳的雷义从小是好朋友。雷义是个很善良的人，富有怜悯之心，重义慎独。两人常常一起学习经典，修身养性，并因相互谦让推崇而闻名。

陈重和雷义都曾在郎署做官。那时，有一位同在郎署任职的郎官欠了别人几十万元，遭债主天天催逼还钱，陈重见了，便悄悄替他把债还了。那位郎官知道后，无限感激。但陈重却说："不是我做的，可能是有同名同姓的其他人吧。"始终不予承认。这就是他，只管付出，不求回报，不求名利。

还有一次，有位郎官告假回乡，误拿了邻居某郎官的一条裤子。裤子主人以为是陈重偷的，陈重听了并不辩解，而是买了十条裤子还给他。等告假的郎官回来把误拿的裤子还给主人时，事情真相才浮出水

面，大家才知道身边居然有如此敦厚的有德有量之人，都十分钦佩。

雷义任郡里功曹时，经常深入民间，体恤民情。有一次调查时他发现，一个被判处极刑的死囚并非惯犯，只是偶然失足，便立即上奏直言，得到了朝廷的恩准，免除了那人的死刑。犯人感激涕零，他拿着一包银子上门致谢，雷义拒不肯收，说："当官为民，理应如此。"

那人为感谢其救命之恩，便趁雷义出行之机，把银子偷偷放在了他家的房梁上。多年后，雷义在翻修房子时，发现了房梁上的那包银子，断定这是曾被自己救过命的那人放的。于是，他四处查访那人的踪迹，最后却发现那人已经不在人世，便把这包银子上缴县曹了。

雷义还是个非常重视道义的人，在他升任为尚书侍郎后，一位宦官犯了罪正要判处劳役时，雷义悄悄上书承担了罪责，他由此被发配边远地区。此事被同在台省的郎官发现了，抛官上书，请求替雷义赎罪，汉顺帝这才下诏书免了他的刑罚。

后来，雷义被举荐为茂才，他想让给陈重，刺史不答应，雷义就假装发疯，头发蓬乱地在外面跑，不顾官府的任命。有趣的是，以前陈重被太守举荐为孝廉时，也曾要把这个位置让给雷义，还为此写过十多封信，但均遭太守拒绝。

汉顺帝时，雷义由郡功曹被推举为孝廉，供职尚书侍郎。他一生明镜高悬，不徇私枉法，惩戒了许多贪官和失职官员。后来，他又当上了侍御史，任上廉洁自律，克己奉公，直言不讳，勤政爱民，颇得百姓的拥戴，最后病逝在工作岗位上。大家都赞叹说："胶和漆自认为坚固，但也比不上雷义和陈重啊！"

由于他们二人有相互谦让推举的美德而闻名遐迩，被"三公府"（丞相、太尉、御史大夫）同时召用，委以重任。

陈重和雷义两人慎独慎微，在切身利益面前都没有私心，互相谦让，真是了不起，因而也被后人视为与人交往的典范。

汉顺帝无权

东汉的第七位皇帝就是汉顺帝。

在汉安帝去世后，皇后阎姬无子，她先是废掉了安帝的独子济阴王刘保，然后又让刘懿这个幼儿坐上了皇位，皇后自己则想垂帘听政，掌握朝廷大权。

刘懿仅做了七个月皇帝就死了，宦官曹腾、孙程等19人便发动宫廷政变，赶走太后，将年仅11岁的刘保拥立为王，是为汉顺帝，改元"永建"，那19位宦官也同时被全部封侯。

由于汉顺帝的皇位是由宦官争取来的，所以顺帝便将大权交给他们。后来，宦官与外戚梁氏联合，加上顺帝性格软弱，就这样被梁氏专权了二十多年。宦官、外戚相互勾结，专横无道，导致政治日益腐败，阶级矛盾尖锐，百姓怨声载道，民不聊生。

《驱车上东门》之十三

佚 名

驱车上东门，遥望郭北墓。
白杨何萧萧，松柏夹广路。

下有陈死人，杳杳即长暮。

潜寐黄泉下，千载永不寤。

浩浩阴阳移，年命如朝露。

人生忽如寄，寿无金石固。

万岁更相送，贤圣莫能度。

服食求神仙，多为药所误。

不如饮美酒，被服纨与素。

何曾守礼法谨慎行

何曾（199—279），字颖考，陈国阳夏人。三国时曹魏及西晋官员，曹魏太仆何夔之子，东汉车骑将军何熙的玄孙。为人好学博闻，与袁侃齐名。在晋历任太保、太傅、太宰。

何曾出身于世家，生性谨慎，接受过正统的经书教育，这使得他无论从政还是持家都作风严正。

何曾在担任了几年司隶校尉后，被升为尚书。正元年中又连任镇北将军、都督河北诸军事、假节。每当出巡的皇帝经过他所管辖的领地时，他总是隆重迎接，殷勤款待，"备太牢之馈，侍从吏驺，莫不醉饱"。

有一次，皇帝要经过何曾儿子何劭所管辖的领地，何曾就事先叮嘱儿子一定要言行守礼，服务周到。然而何劭非常放肆，没把父亲的话当回事，等皇帝驾到时竟不冠不带，还让圣驾等了很久才出门相迎。何曾得知后，狠狠地批评了他。可见何曾崇礼的作风是多么严谨。

从那以后，何曾官运亨通，被升任征北将军，既而加封颍昌乡侯。

咸熙初年——曹魏帝国日暮途穷的后期，他又官至司徒（宰相），改封朗陵侯。

在曹魏帝国晋封司马昭为"晋王"后，一日，何曾与王祥、荀颉共同晋见。对于拜见叙礼，王祥对荀颉说："虽然相国（司马昭）尊贵，但只是帝国宰相，而我们是帝国三公……哪有天子的三公随便向人叩头之理？这既有损帝国的威望，也伤害晋王的盛德。君子爱人，不合礼仪的事我是不会做的。"

荀颉点头称是。来到晋王府后，两人都只作了个揖，唯独何曾仍以大礼参拜，尽表敬意。一直十分重视君臣礼仪的何曾此时如此"过于重礼"，足见其深谙时政，不拘一格。

司马炎能够坐享西晋王朝开国皇帝的宝座，不能不说何曾有很大的功劳。当初，其弟司马攸因为孝顺善良、平和稳健备受司马昭宠爱，司马昭甚至想把他立为世子，然而恪守礼教的何曾认为这有悖常礼，劝谏说："中军抚军将军（司马炎）聪明英勇，拥有最高的人望，天生一表人才，不是做臣属的相貌。"

山涛、贾充、裴秀等朝内重臣均同意何曾之见，才促使司马昭下定了指定司马炎为晋王世子的决心。司马炎也因此对何曾感恩图报，赋予重任。一登皇位，就让他当了开国宰相，不久又赐予太尉，进爵为公，最后还升任为太傅，达到了官宦生涯的顶峰。

平日里，何曾为人严谨，恪守礼法，凡事不越伦理纲常，这使他看不惯当时的"竹林七贤"恃才狂放的行径。

"竹林七贤"中，嵇康、阮籍、阮咸、山涛、向秀、王戎、刘伶均才华盖世，不拘礼教。魏晋时期是"人的觉醒时代"，"竹林七贤"正是那觉醒的，从正统礼教和时政高压的束缚中挣脱出来的阮、嵇等人以有悖于常理的恣意放纵，表达内心的苦闷和不满。这在何曾看来，无疑是朝政的"别枝"和"逆流"，相对于素来维护正统礼法的他来说，实在难以容忍，所以他对阮氏的抨击也就不足为怪了。

阮籍那时任步兵校尉，负才放诞，一次正与朋友下棋时，忽闻母亲去世的消息，竟不肯终止下棋，一定要决出胜负，之后才狂饮，以致吐血而顿显形销骨立。但在为母亲守灵期间，他又和平时一样花天酒地，这在何曾看来真是天大的不孝。何曾便找了个机会当着司马昭的面质问阮籍："卿纵情背礼，败俗之人，今忠贤执政。综核名实，若卿之曹，不可长也。"还批评司马昭对他的纵容，建议司马昭把他放逐到蛮荒之境，以免祸害国家。虽然皇帝并未听取其意见，但何曾却因此更加声名远播了。

何曾严谨，从政如此，持家也一样。何家"闺门整肃"，家中老少都不好声色犬马。他迟暮之年，每与夫人见面均是衣冠楚楚，甚至坐势也严循礼法，自己面南，夫人朝北。二人相敬如宾，喝酒前要互行礼节，"酬酢即毕便出"。结婚一年能做到这点的夫妻已经十分罕见，而何曾夫妇却数十年如一日地坚持了下来，实在令人钦佩。

司隶校尉傅玄还写文章盛赞何曾、荀顗二人的品行，把他们同先贤相提并论，说："古称曾、闵，今曰荀、何……有能行孝之道，君子之仪表也。"将他们誉为"君子之宗"，特别推崇何曾"存尽其和，事尽其敬，亡尽其哀，予于颍昌侯见之矣"。

严谨的作风，也是何曾仕途顺利的重要原因。改朝换代时，前朝旧臣大都得祸而去，何曾却能继续占据着宰相的宝座，不能不说是他严于律己，循规蹈矩，不为君主添乱的缘故啊。

虽然晋帝很赏识阮籍的才能，但在封官授爵上依然是"以德诏

爵，以庸制禄"。而何曾在封建帝王的眼中无疑正是"德"的典范人物。

□故事感悟

何曾洁身自好，恪守礼法，堪称君子的典范。也许，何曾尊崇礼法，现在看来只是刻板古怪、装模作样，可是在当时却享有盛誉。他的这种高尚之举，也为当今社会的我们树立了一面鲜明的旗帜。

□史海撷英

司马炎登基

公元265年，司马昭病逝，享年55岁。其子司马炎继承了相国的晋王位，掌握着全国的军政大权。

司马炎经过精心的准备，于该年12月，也仿效曹丕代汉的事件，为自己登基铺路搭桥。

在司马炎接任相国之后，就有人受司马炎的指使，开始劝说魏元帝曹奂早点让位于司马炎。

不久，曹奂便下诏书称："晋王一家世代辅佐皇帝，功勋高过上天，四海蒙受司马家族的恩泽，上天要我将皇位让给你，请顺应天命，不要推辞！"

司马炎多次假意推让。这时，司马炎的心腹太尉何曾、卫将军贾充等人，便带领满朝文武官员再三劝谏，司马炎才"勉强"接受魏元帝曹奂的禅让，封曹奂为陈留王。

司马炎于公元265年登上帝位，改国号为晋，史称为西晋，晋王司马炎也成了晋武帝。

征西官属送于陟阳侯作诗

（西晋）孙楚

晨风飘歧路，零雨被秋草。
倾城远追送，饯我千里道。
三命皆有极，咄嗟安可保。
莫大于殇子，彭聃犹为夭。
吉凶如纠缰，忧喜相纷绕。
天地为我庐，万物一何小。
达人垂大观，诚此苦不早。
乖离即长衢，惆怅盈怀抱。
孰能察其心，鉴之以苍昊。
齐契在今朝，守之与偕老。

孙登谦和待人受人颂

孙登（209—241），字子高。孙权长子（庶出）。黄龙元年（229年），孙权称帝，立孙登为皇太子。死时年仅33岁。谥宣太子。

三国时吴国的太子孙登，是个正身直行、待人谦和、彬彬有礼的人，他不因贵而自傲，不因贵而慢人，礼贤下士，体恤百姓，受到当时人们的高度颂扬。

孙登生性善良忠厚，由于母亲地位低贱，孙权便让妃子徐夫人抚养这个儿子。孙登对徐夫人的养育之恩感激不尽，念念不忘。但徐夫人生性嫉妒，被孙权慢慢冷落，最后将她抛弃在吴郡（郡名，治所在吴县，即今天的苏州市），独自居住。孙登却仍然怀念她。徐夫人有时托人带衣服送给孙登，孙登必定在沐浴之后才穿，以表示对徐夫人的尊重。

黄初二年（221年），孙登将要被立为太子时，他请求孙权立徐夫人为王后，孙登说："确立本原，才能产生道义，要立太子，就先立王后。"

孙权问："你的母亲在哪里？"

孙登回答："我的母亲在吴郡。"

孙权听后，许久没有说话。他知道孙登很感激徐夫人的恩惠，但自己宠爱的却是步夫人，想立步夫人为王后，最后由于大臣们反对，才没敢这样做。

黄龙元年（229年），孙权称帝，立孙登为皇太子。孙权选了诸葛恪、张休、顾谭、陈表等优秀人才辅佐孙登。孙登对他们很谦和，接待时使用一般平民之间的礼节，有时外出还同乘一辆车，仿佛朋友一般。群臣都对他的为人称赞不已，孙权也很满意。

孙权迁都建业（古县名，东汉建安十七年孙权改秣陵县置，治所在今南京市。吴黄龙元年自武昌迁都于此），他派孙登镇守武昌，任命大将军陆逊加以辅佐。孙登对陆逊十分信任，陆逊也为稳固自己的太子地位而尽忠职守。

孙登性情宽厚，能体察百姓疾苦。出去打猎时，总是绕开农田，生怕践踏了庄稼。

一次，孙登骑马外出，一颗弹丸擦肩而过。他手下的人立即四下找寻是谁干的。很快，他们发现了一个手里拿着弹弓、身上带着弹丸的年轻人，大家都认为肯定是这个人干的，但这个年轻人却不承认刚才打过弹弓。孙登手下的人气急败坏，要拷打审问他。孙登赶忙上前阻拦，还派人去找到了刚才飞过去的弹丸，跟年轻人身上所带的弹丸一比，果然不一样，于是就命令把他放了。

还有一次，孙登手下有个侍从偷了孙登盛水用的金马盂，被查出来后，大家都主张严惩这个侍从。但孙登认为他在自己手下服侍多年，平时也没什么劣迹，不舍得惩罚，只是责备了一番，就打发他回老家去了，不再追究。孙登还嘱咐身边的人，不再提及此事，免得再让人受到连累。

孙登做事谨慎可靠。有一年天灾不断，粮食歉收，孙登预感到一定会有很多盗贼，就制定了相关的防范法律。由于他制定的法令抓住了关键，结果成效很好。

　　孙登的弟弟孙虑生病去世了，孙权极其悲痛，为了表示哀悼，他降旨要求文武大臣节制饮食。孙登知道后，从武昌日夜兼程赶了回来，见到孙权还在痛苦，便一边劝说，一边说出自己的看法："孙虑一病不起，这是命啊！您已经无法挽回。当今国家还没有统一，民众都在盼望早日得到解放。上天授命陛下完成统一大业的使命，您应该保养精神，增进营养膳食才是。但陛下现在却按平民百姓的想法，减少朝廷群臣们的膳食，这就超出礼制的范畴了。我为此深感忧虑和不安，请陛下三思。"

　　孙权听了孙登这番话，觉得非常有理，就采纳了他的建议，告诉大臣们："孙登真是处处为国家兴衰着想啊！"

　　过了十多天，孙权让孙登返回武昌。但孙登为了宽慰孙权，主动留了下来。他说："我已经离开父母很久了，作为儿子，不能早晚为父母请安，实在不孝，从德行上是很不足的。"他还向孙权汇报了陆逊镇守武昌尽心尽责的表现，让孙权不必顾虑。于是，孙权就把孙登留了下来，对他也更加信任了。

　　嘉禾三年（234年），孙权亲自领兵攻打新城（治所在今天的浙江富阳西南），让孙登留守，全面主持政务。然而可惜的是，孙登33岁就去世了。

■故事感悟

　　《韩非子·说林上》中说："行贤而去自贤之心，焉往而不美。"意谓行并能够去掉自以为是、自以为善的思想，到哪里都会受到人们的赞扬。说明人之立身处世，必须不自恃自矜，要谦逊处己，待人宽厚，尊贤敬能，积德行善，自然会得到众人的信任与支持。人之处世立身，被人如何评价，完全是由自身的言行所决定的。

孙权醉酒欲杀虞翻

孙权当上吴王后，大摆宴席，招待群臣。酒宴即将结束时，他亲自起身，向各位大臣行酒。

孙权来到骑都尉虞翻面前，虞翻假装醉酒倒在地上。等孙权回到座位后，他又起来坐下。孙权见状大怒，手持利剑要杀他。当时在场的大臣都吓得不知如何是好，只有大司农刘基上前抱住了他，不让去杀虞翻，并劝道："大王酒后杀有才能的人，是非常不妥的。即使虞翻有罪，天下又有谁知道呢？正是因为大王能广纳良才贤士，天下有才之人才肯望风而聚。要是现在一下毁了自己的好名声，如何值得啊？"

孙权怒问："曹操尚且杀掉孔融，我为什么不能杀虞翻？"

刘基回答说："曹操轻易害死贤人，已经让天下人反感，大王施行仁义，应该同尧舜这样的贤君相比，怎可与曹操并论呢？"

孙权听了这番话后，怒气也慢慢消了下去，虞翻因此逃过了一劫。酒席后，孙权对手下人说："从今以后，如果我酒后要求杀人，你们都不要去执行。"

趣景升太尉画孙登像

（宋）晁说之

契阔王孙魂梦劳，京华一日重游遨。
图书不惜黄金费，歌舞何妨篆佩高。
月到南楼卧吹笛，花残曲几醉挥毫。
如何爱著须臾懒，不使苏门对楚骚。

王羲之父子俩的故事

王羲之（303—361），字逸少，号澹斋，原籍琅琊临沂（今属山东），后迁居山阴（今浙江绍兴），中国东晋书法家，有"书圣"之称。为南迁琅琊王氏士族贵胄，后官拜右军将军，人称王右军。师承卫夫人、钟繇。著有《兰亭集序》。

王羲之和他的第七子王献之是东晋著名书法家，人称"二王"，在中国书法史上有崇高的地位和深远的影响。

王羲之的书法博采众美，熔铸古今，在精研诸体的基础上，推陈出新，改变了汉魏以来带隶意的质朴书风，创造出妍美流便的新体，后人尊为"书圣"。王献之习书法，而又有创新，书风恣纵雄武，秀劲飘洒，颇有媚趣。"二王"书法艺术风格的形成，不仅得益于对前人书法成就的研习，也与他们坦荡自然、豪迈不羁的立身之道有一定的关系。

王羲之是司徒王导的堂侄。王氏家族是当时的大家族，有不少杰出的子弟。太尉郗鉴就想和王家结亲，为女儿挑一个乘龙快婿。

一天，郗鉴派门客去王导家挑选女婿。王导就带着郗鉴的门客到东厢房一个一个地相看他的子侄。王家的年轻人本来正在各干各的事，看见王导陪着一个陌生人进来，都好奇地看着陌生人。听说是太尉的门客来为太尉挑选女婿的，都正襟危坐，一本正经地让客人观看，回答客人的问话。

这时，郗鉴的门客发现有一人和别人不一样，他毫不在乎有客人进来，似乎不知道挑女婿这回事，依然坐在东床上，敞着怀吃着东西，一脸怡然自得的样子。

门客回去后，向郗鉴报告说："王家的年轻人，个个都不错。不过听说我是来为您挑女婿的，都变得矜持拘谨起来。只有一个人还在东床袒腹而食，好像独独他没听说您要挑女婿似的。"

郗鉴听了高兴地说："这个小伙子正是我要选的好女婿啊！"一打听，原来在东床袒腹的就是王羲之。于是，郗鉴就把女儿嫁给了他。

王羲之步入仕途后，勤政爱民，官至右军将军、会稽内史。后因不容于上司，便称病去职，并立誓不再做官。从此寄情山水，种果养鹅，捕鸟钓鱼，过着逍遥自在的生活。他给人写信说，其中的得意，是言语表达不出来的。他59岁去世，朝廷赠衔金紫光禄大夫。但他早有遗嘱，不予接受。

人们称王羲之的笔势"飘若浮云，矫若惊龙"，他的行草如"清风出袖，明月入怀"，其实也是他为人的写照。王献之在少年时代便负有盛名。他的性格豪放，志向高远，处事镇定从容。

王羲之和谢安是好友。有一次，王献之同他的哥哥徽之、操之一起去拜访谢安。

见过礼后，两位哥哥和谢安以及他们家的客人侃侃而谈，但所说的大都是生活琐事，而王献之却只不过寒暄几句，然后便不动声色地坐在那里听大家说话，不发表什么意见。

等王家三兄弟走后，客人们和谢安一起评论他们的优劣高下。有的

说徽之谈吐随和，卓尔不群；有的说操之举止大方，一表人才。谢安却认为年岁小的献之最好。

客人问他为什么这么说，谢安解释说："吉人往往寡言少语，因为他说话很少，所以我知道他将来一定很有出息。"王献之正是以俗事为重和不随声附和的品质，受到"神识沈敏"的谢安的赏识。

有一天晚上，王献之在卧室睡觉，忽然几个小偷撬开锁溜进了他的房间。王献之被惊醒后，却一直不吱声，看着他们把家里的东西收个干净。当小偷们正想溜走的时候，他才慢条斯理地对小偷说："偷儿，那块青毡是我家祖传之物，你们把它留下吧。"小偷们不曾想主人竟然在暗中注视着他们的整个偷窃行动，都吓了一大跳，慌忙丢下东西逃走。

从这件小事就能显出王献之遇事不慌、沉着稳重的秉性。假如他胆怯或者急躁，看见来了一群小偷就惊慌失措，那不仅吓不退小偷，还可能会遭遇不幸。

王献之的这种性格在写字作画上也同样被反映出来。

王献之在七八岁的时候，就开始学习书法，每次都学得十分认真。有一次，他父亲王羲之看见他在写字，便悄悄地走到他背后，不让他发现。然后伸出手来，猛地去抽他握着的毛笔，却未能夺下。王献之一点儿也没有受惊吓的样子，手里还拿着那支笔，回过头来，看看是谁。一看是他父亲，便问有什么事。王羲之见儿子能全神贯注地习字，笔力如此坚硬挺拔，处事如此镇静从容，不由得感叹说："这孩子将来一定会有很大的名声。"

又有一次，王献之拿了一支大笔在一面墙壁上写一丈见方的大字。人们见一个小孩居然能写那么大的字，都十分惊奇，纷纷前来观看。后来围观者竟达数百人之多，把王献之围得水泄不通。王献之却不以为怪，依然旁若无人地写字。王羲之见他的字写得很有气派，于是当场夸赞了他。

还有一次，当时掌握了朝政大权的桓温请他书写扇面。王献之一不小心，手中的笔落在了扇面上。如果是其他人遇到这种情况，可能会吓得不知所措了。但王献之却仍然若无其事，只见他就在这块黑墨上描画了几下，立时，一头栩栩如生的黑色母牛出现在扇面上，再配上他写的字，非常精妙。桓温见了，连声叫好。

■故事感悟

桃李不言，下自成蹊。芬芳的桃李之花，以其自身的艳丽，招得众人前来观赏，以致树下被踩成一条小道。一个真正被人尊重的人，不是靠表面的华丽，而是靠内在的人格魅力。加强品格、性情、才干方面的修养，从根本上完善自己，才是立身于人世间的根本之道。

■史海撷英

王羲之的书法造诣

王羲之自幼志存高远，富于创造。他学钟繇，融会贯通。钟书尚翻，真书亦具分势，用笔尚外拓，有飞鸟骞腾之势，所谓钟家隼尾波。王羲之心仪手追，但易翻为曲，减去分势。用笔尚内抵，不折而用转，所谓右军"一搨璀直下"。

王羲之学张芝也是自出偶然。唐代张怀耿曾在《书断》中指出这一点："剖析张公之草，而浓纤折衷，乃愧其精熟；损益钟君之隶，虽运用增华，而古雅不逮，至研精体势，则无所不工。"

王羲之对张芝的草书进行"剖析""折衷"，对钟繇的隶书"损益""运用"，对这两位书学大师都可以做到"研精体势"。沈尹默称赞道："王羲之

学书不拘泥于前人笔法，依样画着葫芦，而是善于运用自己的心手，使古人为我服务，学自于古，而高出于古。"

王羲之将从博览中所得的秦汉篆隶的各种不同笔法加以妙用，悉数融入于真行草体中去，从而形成了他那个时代的最佳体势，推陈出新，为后代的书法发展开辟了一片新的广阔天地。

■ 文苑拾萃

兰亭诗

（魏晋）王羲之

三春启群品，寄畅在所因。
仰望碧天际，俯磐绿水滨。
寥朗无厓观，寓目理自陈。
大矣造化功，万殊莫不均。
群籁虽参差，适我无非新。

高允一生以诚待人

高允（390—487），字伯恭。渤海蓨（今河北景县）人。少年丧父，曾让产予弟，出家为僧，法名"法净"。不久还俗求学，常负笈千里。后为中书博士，迁侍郎。随乐平王拓跋丕平定凉州叛乱。虽居宫显要，家中一贫如洗，住草屋、吃盐菜，儿子以采樵自给。著作有《左氏解》《公羊释》等。明人辑有《高令公集》。

魏世祖太武帝时，高允与司徒崔浩奉命一同著成《国纪》。高允以侍郎、从事中郎兼任著书郎。他精通天文历法，在著述过程中，经常匡正司徒崔浩的谬误，令人叹服。

当时，有著作令史闵湛等人乖巧奸佞，深得崔浩信任。见崔浩注释的《诗》《论语》《尚书》《易》，便上奏章说马、郑、王、贾所注述的《六经》，疏漏谬误之处很多，不如崔浩所注精微，因而请求将这些在境内流行的各家注述书籍统统搜集收藏，颁发崔浩的注书让天下人学习。同时请求世祖赐命，让崔浩再注释《礼传》，以使后生晚辈们能够真正领会其中的义理。

有人抬轿子，大事吹捧，崔浩飘飘然不知所以。闵湛阿谀有功，崔

浩心中有数，决不能亏待，上表推荐，称赞他有著述的才华。不久，闵湛又怂恿崔浩将其撰写的《国纪》全文刊刻在石碑上，立于交通要道，求永垂不朽，并借以彰明崔浩秉笔直书的事迹。高允听说后，忧心忡忡，料知崔浩这样得意忘形，必无好结果。他不无担心地对著作郎宗钦说："闵湛所作所为，实在是岌岌可危，恐怕会给崔浩宗族招来永世大祸，我们也很难幸免。"

高允料事如神，不久果然事发，崔浩因撰写《国纪》触怒世祖，被收押在审。此时高允在中书省供职，恭宗已被世祖立为太子，曾由高允讲授经史，对他很敬重，见高允因参与《国纪》的撰写也将受到牵连，就设法救助。他派东宫侍郎吴延请来高允，让他留在宫内。

第二天，恭宗奏明世祖，命高允陪同自己进宫朝见。到了宫门口，恭宗说："现你我一同面见至尊，进去后我自会为你疏导，至尊如果询问，你只要依我的意思回答即可。"

二人进宫面见世祖，恭宗小心翼翼地说道："中书侍郎高允一直在臣宫中，与臣相处多年，一向小心谨慎，臣对此十分清楚。他虽与崔浩共事，但位卑言轻，受崔浩制约，责在崔浩，请赦高允不死。"

世祖召高允进前问道："《国纪》是否皆为崔浩所作？"

高允答："《太祖纪》为前著作郎邓渊所撰，《先帝纪》及《今纪》是臣与崔浩同作，但崔浩综理全面，事务繁杂，虽是共撰，其实不过总审裁断而已。至于书中注疏，臣所做多于崔浩。"

世祖闻言大怒："如此说来，你罪更甚于崔浩，岂能放你生路！"

恭宗见世祖发怒，事情不妙，马上插话解释辩白："父皇息怒，高允乃一介小臣，恐惧迷乱以至语无伦次。臣过去曾详细查问，高允都称《国纪》为崔浩所作。"

高祖再问高允："果然如太子所言？"

高允面无惧色，从容作答："臣才疏学浅，著述多有谬误，有违圣恩，又触怒天威，臣已知罪，罪该灭族。臣死在即日，不敢胡言妄说，欺蒙圣听。太子殿下因臣随侍左右讲授经学多年，可怜臣下，故极力为臣请求宽免，其实殿下并未曾问臣，臣下也无此言。臣如实奏报，不敢隐瞒。"

世祖听罢，怒气顿消，对恭宗道："真是直言不讳！这也是人情所难，临死而不巧语饰过，岂不难哉。且为臣不欺君，告朕以实情，真是忠贞之臣。虽然有罪，也可宽免。"于是，高允得到了赦免。

世祖随即召来崔浩，命人诘问，崔浩惶恐迷乱，不能应答。哪似高允，事事申说得清清楚楚，有条有理。这下世祖越发恼怒，命高允拟写诏书，将崔浩以下，僮仆小吏以上共128人，均满门抄斩，株连五族。

高允受命草拟诏书，但他迟迟不肯写。世祖频频派人催问，高允请求再进见世祖，说明情况然后才好拟诏。

世祖应允，高允面奏说："崔浩获罪，若另有罪状，臣不敢多言，但若仅以此事论罪，罪不该死。"世祖一听，勃然大怒，命侍卫将高允拿下。恭宗只得再次上前求情，世祖道："不是此人劝谏，更要致死数千人。"恭宗与高允再不敢多说，拜谢退下。崔浩最终仍遭灭族灭门之祸，崔浩僚属僮吏也都被处死，但仅止于本人，不累及妻子儿女。著作郎宗钦临刑前，想起高允当时的预言，长叹一声："高允有先见之明，简直是个圣人啊！"

事过之后，恭宗曾责备高允说："做人应知道随机应变，否则多读书又有何益。当时我为你安排导引，你为何不依我言行事，以至触怒圣帝，雷霆万钧，至今想起仍心有余悸。"

高允当时何尝不明白恭宗的一片苦心，但他自有一番道理，此时才告之恭宗："臣是一东野凡夫俗子，本无意做官，不想被朝廷征召，沐浴圣恩，在中书省为官。自思多年来为素餐，枉享官荣，妨碍贤良，心中每每不安。至于说到史籍，应为帝王言行实录，是将来的借鉴，今日

借此可以了解过去，后代借此可以知晓今朝。因此言行举动，无不一一记载，为人君者自然对此分外审慎。崔浩世受皇恩，荣耀一时，而辜负圣恩，以至自取灭亡，崔浩其人其事，确有可非议之处。崔浩以平庸之才，而承担栋梁重任，在朝内没有忠诚正直的节操，退归没有雍容自得的称誉，私欲吞没了清廉，个人好恶掩盖了正直与公理，这些应是崔浩的罪责。至于其记载朝廷起居之事，评论国家政事得失，本是撰写史书的惯例，并没有过多违背。臣与崔浩共撰一书，同担一事，亦是事实。生死荣辱，不该有别，依理而言，臣不应有所特殊。今日获免，由衷感激殿下再生之恩。臣违心苟且求免，并非臣之本意。"

高允一席话掷地有声，恭宗听罢，为之动容，又连连慨叹。

□故事感悟

总观高允言行，始终表里如一，言行不二，不做投机取巧、阿谀奉迎、苟且求生之事，以忠直坦诚为其立身准则。人生在世，难得的就是这个"诚"字，更难得的是生命攸关之时，仍能不变本色。高允身在官场几十年，不管风云如何变幻，不计利害得失，慎独慎微，待人以诚，实属可贵，也使他赢得了大家的信赖和尊敬。

□文苑拾萃

词

（魏晋）高允

紫气干霄，群雄乱夏，王袭徂征，戎车屡驾。
扫荡游氛，克剪妖霸，四海从风，八垠渐化。
政教无外，既宁且一，偃武櫜兵，唯文是恤。

帝乃旁求，搜贤举逸，岩隐投竿，异人并出。
疊瘵卢生，量远思纯，钻道据德，游艺依仁。
旌弓既招，释褐投巾，摄齐升堂，嘉谋日陈。
自东徂南，跃马驰轮，僭冯影附，刘以和亲。
茂祖茕单，夙离不造，克己勉躬，聿隆家道。
敦心《六经》，游思文藻，终辞宠命，以之自保。
燕、常笃信，百行靡遗，位不苟进，任理栖迟。
居冲守约，好让善推，思贤乐古，如渴如饥。
子翼致远，道赐悟深，相期以义，相和若琴。
并参幕府，俱发德音，优游卒岁，聊以寄心。
祖根运会，克光厥猷，仰缘朝恩，俯因德友。
功虽后建，禄实先受，班同旧臣，位并群后。
士衡孤立，内省靡疚，言不崇华，交不遗旧。
以产则贫，论道则富，所谓伊人，实邦之秀。
卓矣友规，禀兹淑亮，存彼大方，摈此细让。
神与理冥，形随流浪，虽屈王侯，莫废其尚。

吕僧珍不攀权贵不弃贫

吕僧珍（生卒年不详），字元瑜。东平郡（今山东济宁市北）范县人，家世居广陵（今江苏扬州）。从南齐时起，吕僧珍便随从萧衍。萧衍为豫州刺史，他任典籤。萧衍任领军，他补为主簿。建武二年（495年），萧衍率师援助义阳抗御北魏，吕僧珍随军前往。萧衍任雍州刺史，吕僧珍为萧衍手下中兵参军，被当作心腹之人。萧衍起兵，吕僧珍被任为前锋大将军，大破萧齐军队，为萧衍立下大功。

南北朝时期，吕僧珍为萧衍立下很大的功劳，得到了萧衍的重用，受到了别人无法企及的优待。但他却从不居功自傲，恃宠纵情，而是更加小心谨慎。当处宫禁之中，即使盛夏也不敢解衣。每次陪伴萧衍，总是屏气低声，不随便吃桌上的菜肴。一次，吕僧珍喝醉了，随手拿了个橘子，萧衍竟笑着说："卿真是大有进步啊。"就这个行为也被视为进步，可见他谨慎到何种程度。

吕僧珍因为离家太久，就上表请求萧衍让他回去祭扫先人之墓。萧衍为了让他能够衣锦还乡，光宗耀祖。不但答应他回乡，还封他为使持节、平北将军、南兖州（治今江苏扬州）刺史，即管理他家乡所在州的最高行政长官。但吕僧珍到任后，平等对待下属，不私亲戚，也没有任何嚣张之举。

吕僧珍有个卖葱的从侄，听说自己的叔叔做了大官，就不想卖葱了，跑到吕僧珍那里要求谋个官做。吕僧珍却对他说："我深受国家重恩，还没有做什么成就报效，怎能假公济私啊？你们都有自己的事干，岂可妄求他职，快回葱市干你的本行吧！"

吕僧珍的旧宅在市北，挡在前面的是督邮的官府。乡人都劝吕僧珍把督邮府搬走，扩建旧宅。但吕僧珍说："督邮官府自我家盖房以来一直在此地，怎能为扩建吾宅让其搬家呢？"不肯答应。

他的姐姐嫁给了姓于的人家，小屋临路，他就经常带着侍从去看望姐姐。一次，姐姐对他说："我家住房很是简陋，你身为刺史，常来这里，只怕有失体面了。"

吕僧珍回答说："我要是怕失体面，就不认你这个姐姐了。"

看到姐姐有点儿纳闷，吕僧珍就解释说："姐姐家与百姓杂住在一起，知道民间疾苦。我下访民情，可以从你们口中听到在府衙里听不到的实事，这对我治理兖州非常有帮助啊，我今后还要经常来呢！"姐姐听后很高兴。

吕僧珍在58岁病逝，梁武帝萧衍下诏说："大业初构，茂勋克举，及居禁卫，朝夕尽诚。方参任台槐，式隆朝寄，奄致丧逝，伤恸于怀。宜加优典，以隆宠命，可赠骠骑将军、开府仪同三司、常侍、鼓吹、侯如故。"不仅这样，吕僧珍还被加谥为忠敬侯。真是善有其终，这无疑是和他的立身谨慎是分不开的。

故事感悟

有了功劳，不要经常说起；有了恩宠，注意不可张扬；有了权力，注意

不要滥用；有了做高官的朋友，注意不要趋炎附势；有不得志的朋友，要注意不嫌弃。志当高远，事当慎独，这是亘古不变的做人原则。

□史海撷英

萧衍勇退北魏

萧衍辅佐齐明帝萧鸾做皇帝后，仅过了一年，北魏的孝文帝就亲自率领30万军队进攻南朝的齐军，沿淮河向东攻打钟离。萧鸾先派左卫将军崔慧景、宁朔将军裴叔业领兵迎战。听到北魏军队分兵攻打义阳后，又派遣萧衍和平北将军王广之领兵救援。

王广之领兵来到离义阳百里之外时，闻听北魏军队人强马壮，十分害怕，不敢迎战。萧衍见状立即请求充当先锋，和北魏军队交战。于是王广之把一部分军队交给萧衍指挥，进兵义阳。

萧衍带领军队连夜抄小路赶到了贤首山，距离北魏军只有几里地，然后命令士兵在山上山下插满旗帜。天亮后，义阳城中的齐军看到此景，以为是重兵来给他们解围了，士气大增，马上集合军队出城攻击北魏军，同时顺风放火。萧衍也趁机亲自上阵夹攻北魏军，摇旗擂鼓助威，齐军士气高昂，个个奋勇杀敌。在齐军前后夹击下，北魏军一路溃败而去。齐军赢得了这场战役的胜利。萧衍也因战功而升任太子中庶子。

□文苑拾萃

侍宴乐游苑饯吕僧珍应诏诗

（南北朝）沈约

丹浦非乐战，负重切君临。
我皇秉至德，忘己用尧心。

愍兹区宇内，鱼鸟失飞沉。
推毂二崤道，扬斾九河阴。
超乘尽三属，选士皆百金。
戎车出细柳，饯席遵上林。
命师诛后服，授律缓前禽。
函辕方解带，峣武稍披襟。
伐罪芒山曲，吊民伊水浔。
将陪告成礼，待此未抽簪。

韦世康居功不自傲

　　韦世康（530—597），京兆杜陵（今陕西省西安市南）人，历仕北魏、北周、隋三朝，官至吏部尚书、荆州总管。

　　韦世康的父亲是一个隐居之士。魏、周两代，朝廷召他出仕任职，他拒绝不出，人称逍遥公。韦世康自幼受其父影响，处事沉稳，颇有气度。

　　隋文帝杨坚为北周丞相时，相州总管尉迟迥起兵作乱。杨坚派韦世康出任绛州（今山西闻喜县东北）刺史，并对他说："汾（今山西吉县）、绛地区是原来北齐、北周两国的交界地区，现在受尉迟迥叛乱影响，恐怕会动荡不安。我把这一地区交给你，你要尽心竭力地守卫它。"

　　韦世康上任后，尽心竭力，事无大小，都亲自处理，辖区之内清静无事，受到了杨坚的赞扬。韦世康天性恬静简素，喜好古事，不以得失为意。在州任职期间，曾有隐退的意思。他在给子弟的信中写道："我生在多事之秋，为朝廷所看重，因而为之效命已经多年。如今人虽未老，但壮年已过，已经禁不起世上的风风雨雨。对于俸禄和名声，我并不在意，为了防止它过高、过满，我还不如早退。"因为几个弟弟都劝他，说现在辞职不合适，韦世康暂时打消了这个念头。

隋开皇四年（584年），韦世康因为母亲去世，辞职回家操办丧礼。时间不长，朝廷又起用他。韦世康坚持请求辞职，杨坚没有批准。

隋开皇十三年（593年），韦世康回朝任吏部尚书。休闲的时候，他对子弟们说："我听说功成身退，是古人的常道。现在我已年近60岁，名声地位也很高了。想辞职隐退，你们觉得怎么样？"子弟们都表示同意。

于是，韦世康趁皇帝宴请百官之机，先对皇帝下拜了两次，然后说："我这个人没什么功绩，现在地位官职却很高。如今年纪大了，恐怕不能担负起国家的重任。因此希望陛下能批准我回家养老，把职位让给有才能的人。"皇帝安慰了他半天，结果还是没有批准，让他出任荆州总管，以便便宜从事。

韦世康一直有辞职隐退的打算，可惜没能成功，最终在他67岁时，死在任上。

■ 故事感悟

古语云："劳谦君子，有终。"意谓有功劳而又谦虚，如此君子必定会有好的结果。韦世康待人谦恭，不居功自傲，虽屡辞官隐退，却更加受到重用，终得善果。说明人立身处世，务必要加强自我修养，增长才干，否则必定会自食恶果。古语云："自高则必危，自满则必溢。"正说明了这一道理。

■ 史海撷英

隋文帝简化地方官制

隋朝之初，隋文帝杨坚首先把中央机构确立为三省六部制，然后又

对地方机构进行了改革。由于自南北朝以来郡县的设置一直过繁，可谓是"民少官多，十羊九牧"。因此，隋文帝沿北齐、北周制设州、郡、县三级地方机构。开皇三年（583年），杨坚采纳河南道行台兵尚书杨尚希的建议，废除郡，改为州、县二级制。州设刺史，县设县令。

590年，杨坚诏府兵加入州县户籍，从此兵农合一。对于地方机构，他也进行改革，采纳了度支尚书杨尚希提出的"存要去闲、并大去小"的建议，将原来比较混乱的地方官制，从州、郡、县精简为州、县两级，撤销境内郡五百多个。还裁减了大量的冗官，合并了一些郡县，大大节省了政府开支，提高了行政效率，同时也减轻了人民的负担。为了更好地行使权力，控制地方，杨坚下令，九品以上的官员一律由中央任免，官吏的任用权全部归吏部掌握，禁止地方官就地录用僚佐。并且吏部每年都要对他们进行考核，以此决定奖惩、升降。后来，又推行了三年任期制。

■文苑拾萃

栖岩寺隋文帝马脑盏歌

（唐）卢纶

天宫宝器隋朝物，锁在金函比金骨。
开函捧之光乃发，阿修罗王掌中月。
五云如拳轻复浓，昔曾噀酒今藏龙。
规形环影相透彻，乱雪繁花千万重。
可怜贞质无今古，可叹隋陵一抔土。
宫中艳女满宫春，得亲此宝能几人。
一留寒殿殿将坏，唯有幽光通隙尘。
山中老僧眉似雪，忍死相传保扃镝。

长孙皇后严律己

长孙皇后（601—636），小字观音婢，其名于史无载。唐朝唐太宗李世民的皇后。长孙皇后是北魏皇族拓跋氏之后，生父长孙晟是隋右骁卫将军、著名外交家，平突厥之功臣；生母高氏，为北齐皇族后裔，名臣高士廉之妹。中国史上最为著名的贤后。

在古代中国，最负盛名的皇帝当数唐太宗，但他的贤内助长孙皇后却没有他那样的名望，可能是中国人有夫贵妻荣的观念，认为一定是她沾了唐太宗的光。

其实，长孙皇后对唐太宗夺取政权起到了重大作用。不仅如此，她还用自己独特的方式为唐太宗巩固政权作出了非凡的贡献。

长孙皇后在13岁时就与太宗成婚了，武德元年（618年），被册封为秦王妃。武德九年（626年），册封为皇太子妃。同年八月，太宗登上皇位时，立为皇后。

长孙皇后是个勤俭节约的人，服饰用品，都力求简单省事。

太宗常常与长孙皇后谈论朝廷赏罚之事，皇后引用《尚书·牧誓》中的话回答道："'牝鸡之晨，唯家之索。'我是个妇人，怎敢干预国家

政事？"但太宗坚持与皇后谈论，皇后却始终一言不发。

皇后的哥哥长孙无忌，少年时就和太宗皇帝交往密切，也是辅佐太宗取得成功的元勋，颇得太宗信任。他经常出入内宫，太宗也总是把朝廷重任托付给他。对此，皇后坚持不肯答应，找机会对太宗说："我既已托身紫宫，尊贵已到顶点，实在不想让我的兄弟子侄也在朝廷担任要职。汉朝吕氏、霍氏两家外戚专权，我们应该以其为鉴，不要效仿他们让我家人在本朝当宰相。"

太宗没有采纳皇后的意见，还是任命长孙无忌为左武侯大将军、吏部尚书、右仆射。皇后只好秘密地让长孙无忌请求不要担此职务，太宗不得已答应了他的请求，改授长孙无忌开府仪同三司，皇后这才心安理得了。

长孙皇后有个异母兄长叫长孙安业，好酒，且不务正业。皇后的父亲长孙晟去世时，皇后和长孙无忌都还年幼，长孙安业就把他们俩赶回了舅舅高士廉家，皇后对此事并不介意，经常请太宗厚待长孙安业，使长孙安业的官位做到监门将军。

后来，长孙安业和刘德裕密谋叛乱，太宗要杀他时，长孙皇后叩头流泪为他请命："长孙安业罪该万死，但是天下人都知道他对我很不仁慈，如果对他处以极刑，人们必定认为是我依仗皇帝的宠幸而实施的报复，这不是很有损圣朝的名誉吗？"长孙安业因此被赦免死刑。

长孙皇后所生的长乐公主备受太宗疼爱，在她出嫁时，太宗命令有司，陪送的嫁妆要比长公主多一倍。魏征进谏道："当初汉明帝时，将要封皇子，明帝说：'我的儿子怎能和先帝的儿子同等待遇呢？'长公主的确应该比公主尊贵，感情远近也有差别，但义是没有等级差别的。如果让公主的礼仪超过长公主，恐怕于理不符，请陛下计议。"

太宗回到内宫后，把魏征的话告诉了长孙皇后，皇后叹息道："我以前听说陛下十分器重魏征，但并不知道什么原因。他真是能用义来制止皇上感情用事的人啊，不愧为国家正直的大臣。我与陛下是结发夫妻，深受礼遇，情深义重，但每当进言时，尚且要看陛下脸色行事，不敢轻易冒犯陛下尊严，何况臣下感情不如我与您近，礼节上又有君臣之别，故韩非子也为此称向君主进言难。东方朔也有同感，这的确是有道理的啊。忠言逆耳，却对行事有利。对于国家急务的建议，若采纳，则社会安定，若拒绝，则政局混乱，我诚恳地希望您仔细考虑，那将是天下人的幸福。"

太宗非常赞同，于是让长孙皇后派内宫太监带着500匹帛前去赏赐给魏征。

太子李承乾的乳母遂安夫人总对长孙皇后说："东宫缺少用具想奏请皇上和皇后予以添置。"

皇后不肯答应，说："作为太子，所担忧的应是美德不立、美名不扬，为何计较用具不够呢？"

贞观八年（634年），长孙皇后陪太宗在九成宫住，不幸得病，非常严重，太子李承乾入宫侍奉，秘密启奏皇后说："医药已经用完，您的病情仍未好转，请让我奏请父皇赦免囚犯，将他们度入道观，以求得到上天赐福保佑。"

皇后说："人的生死自有命定，非人力所能给予。如果做善事就能延长寿命，可我平时也从未作恶；要是做善事没用，又有什么福好求呢？赦免罪犯是国家大事，佛教、道教都不过是宗教，不只国家政体没有这个弊端，而且皇上也不能这样做，我一个妇人怎能扰乱国法呢？"

太子听了母亲的话就没敢向父皇提这个要求。于是，他把皇后的话告诉了左仆射房玄龄，房玄龄又把这些话奏闻了太宗，太宗和大臣们听后，无不流泪叹息。

朝臣们都请求大赦天下罪犯，太宗答应了朝臣的请求，但长孙皇后听说后坚决要求撤销这个决定，结果没有得到实施。长孙皇后在病危时与太宗诀别。

当时，房玄龄因为犯了一个小过失触怒了太宗而被免官回家，皇后强撑着病体对太宗说："房玄龄侍奉陛下最久，谨小慎微，奇谋妙计都曾参与策划，却始终不泄露一个字，没犯过什么大错，希望您不要抛弃他。另外，我家族之人侥幸成了皇亲，既然并非因为德高望重而被抬举，就容易走上危险之境。要想永久保全，就不能让他们把握重权，能以外戚的身份朝见皇上就很荣幸了。我在世时，对国家没作什么贡献，死后也不用厚葬。而且所谓葬，意思就是藏，就是不让人看见。自古以来的圣人、贤人都崇尚节俭、薄葬，只有无道朝代，才大造陵墓，劳民伤财，被有智慧的人嘲笑。只希望我死后能依山而葬，不起坟墓，不用棺椁，陪葬的物品，用瓦木造就即可。俭薄送终，就是对我最好的怀念。"

贞观十年（636年）六月己卯日，长孙皇后在立政殿去世，终年36岁。

长孙皇后生前曾撰写过古代妇女的善事，刻成了10卷，书名为《女则》，皇后亲自为此书作序。她还曾写论文一篇，批评东汉明帝马皇后，认为她不抑退外戚，使他们当朝掌握重权，却制止他们铺张浪费，认为这是开其祸患之源而节其末节之事，并告诫主管的官员们："这些文章是我用来约束自己的，妇人的著述缺少条理，不想让皇上看到，千万别告诉他。"

皇后去世后，宫中的官员把此事奏明太宗，太宗读后更加悲痛，把这些书拿给近臣们看，说："皇后此书，足以流传后代。难道是我不知天命割不断思念之情吗？她常常能规劝我，补足我的缺漏，如今，再也听不到她的善言，就这样失去了一位贤德的助手，真是令人哀痛啊！"

长孙皇后参加了玄武门之变，深知取得政权的艰难，于是自觉承担巩固政权的工作。为了强化唐太宗的地位，她严于律己，因为皇后的品行正是皇帝政治作风的体现。皇后的严谨，反映出这个政权的稳定与否。政治家个人的作风，关系着国家的命运。政治家能够懂得立身的道理，就是国家兴旺发达的动力。

■史海撷英

唐太宗论弓矢

有一次，唐太宗对太子的老师萧璃说："朕小时候爱好玩弓箭，有好弓十几把，自我感觉没有比这些更好的了。最近把它们拿给造弓的工匠看，工匠却说'都不算好弓'，朕便问其原由，他说：'木心有点弯曲，而木头纹理都不正，即使弓有力，射出的箭也不会直的。'朕才领悟到原来熟悉的东西也不一定能完全分别出好坏。朕凭着弓骑平定四方，统一天下，但都不能做到十分了解，更别说天下大事了，怎能全都知道？"

于是，唐太宗命令京中五品以上的官员轮流在中书省住，多次召见，询问民间疾苦和政事得失。

■文苑拾萃

题长孙皇后谏猎图

（元）张翥

黄门晓出西清仗，秋色满天鹰犬王。
虎落遥连渭水南，鸾旗直渡河桥上。

日边云气五色文，虬须天子真天人。
羽林猛士森成列，六气不惊清路尘。
太平无征帝神武，岂为禽荒将按旅。
已知哲后佐兴王，不数樊姬能霸楚。
从容数语郎罢田，六宫迎笑花如烟。
眸回那待外庭疏，听谏由来同转圜。
天宝神孙缵大业，锦绣五家争蹀躞。
可怜风雪骊山宫，正与真妃同射猎。

范冉路别送好

范冉（112—185），东汉陈留郡外黄（今河南省杞县）人，字史云，一作范丹。马融的弟子，精通五经，特别是《易经》《书经》。被汉桓帝任命为莱芜县长，没有就职。因为家中贫穷，被人称为"甑中生尘范史云，釜中生鱼范莱芜"。

东汉时期的范冉，有个好朋友名叫王奂，河内（今河南武陟县西南）人。这个人精通《五经》，专心学业，不交势利之徒，很合范冉的脾气。

后来，王奂当上了考城县令。考城与外黄县相邻，王奂多次派人拿请帖去请范冉到县中做客，无奈范冉一直不肯去。

等王奂被提升为汉阳（今甘肃甘谷县东南）太守了，范冉得知后，认为要是再不去见一面，等他赴任千里之外，想见就难了。所以，待王奂起程那天，范冉便和弟弟范协一起带着酒饭在路上设宴等待他的到来。远远就看见王奂的车马过来了，他也不上前去迎接，只顾与弟弟大声辩论着学问。

王奂在车中听到声音很熟悉，忙探身观看，果然是好友范冉，连忙下车走上前去，对他说："这里不是我们话别的地方，请贤弟上车，我

们一起到前面的亭中歇息一晚，以叙离别之情。"

范冉说："不用了。你以前在考城做官，多次邀请，我也想登门拜访，只是我们一官一民、一贵一贱，怕被人说我趋高就贵，故一直没肯答应。如今，你要远行到千里外当官，不知何时才得见，所以在此设宴相候，以表离别之情。要是我上了你的车，随你去前面亭中，那就有追慕权贵之嫌了。"言罢便起身告辞。王奂望着范冉头也不回的背影，直到完全消失在视野之中。

对范冉而言，王奂既是权贵，又是朋友，自己不愿趋炎附势，但好友远行，自己不能不尽朋友之情，却又不能有结官之嫌。所以，他便选择了路别的方式。如此一来，就巧妙地把王奂的双重身份分开了，使自己立身的原则得以保全。

□故事感悟

人在一生中总要交朋友，特别是少年时代的朋友，没有世俗利益的干扰，尤其值得珍视。范冉不肯借助朋友的力量为自己牟利，表现了他交友的原则：只讲意气相投，不问利害关系。范冉不愿违背自己的原则，所以对朋友采取了这样一种方式。做人的原则比实惠更重要，这正是范冉做人的成功之处。

□文苑拾萃

《知己难得》节选

佚 名

朋友，是沙漠中的那一涌清泉，带给你的不只是解渴，更有那甘甜清凉；朋友，是炎炎夏日中的一丝凉风，带给你的不只是清爽惬意，更有那馨香舒畅；朋友，是寒冷冬夜的那一块炭木，带给你的不只是浓浓的暖意，更有那升腾的希望和热情；朋友，是那一盏永恒的指路灯，是一生中受用不尽的财富……

朋友是俞伯牙与钟子期高山流水的佳话，朋友是刘备、张飞和关羽桃园结义的慷慨，朋友是荆轲与燕太子丹易水送别的悲壮，朋友是苏轼与黄庭坚良师益友的情怀，朋友是马克思与恩格斯患难相助的真情，朋友是毛泽东与柳亚子诗词唱和的豪迈，朋友是鲁迅与瞿秋白的知己难觅。真正的朋友，敢于超脱世俗，流露真情挚意。阮籍直率，向秀重义，嵇康狂放，却是真朋友。

朋友是神圣的代名词，是慷慨和荣誉最贤惠的母亲，是感激和仁慈的姊妹，是憎恨和贪婪的死敌。真正的朋友，又是何等的难得！

第二篇

为官清正廉洁

公沙穆廉洁守诚

公沙穆（生卒年不详），字文义。北海胶东（今山东平度东南）人。他出身贫贱，自幼不好嬉戏。长大以后，学习《韩诗》《公羊春秋》等儒家经典。

公沙穆不爱钱财，洁身自好。他身为平民时曾养过猪，由于猪生病，便让人带到市场上去卖，并对卖者说："要是有人买，就一定要告诉人家这是头病猪，要少收钱，不能隐瞒真相，当好猪卖给别人。"卖猪者把猪带到市场后，很快便卖了出去，但没有告诉人家是病猪，卖了个好价钱。公沙穆知道后，千方百计找到了买猪人，讲明情况，并将多收的钱退还了。

还有一次，有个叫王仲的富人对公沙穆说："如今世道，人们都用钱给自己买通仕途。我愿意资助你百万，使你飞黄腾达，怎么样？"

公沙穆说："非常感谢你的厚意，但富贵在天，得之有命，我不想用钱来得到官位。"

东汉时期，有一种可让乡里推举孝悌廉洁之人作为孝廉的制度，这是进入仕途的第一步。公沙穆被举为孝廉，很快又被迁为缯国相。

公沙穆不是把廉洁作为晋升的手段，而是把它作为立身的根本。他

走上仕途时，正处于东汉王朝晚期，社会动荡，政局不稳，官场险恶，到处陷阱。但公沙穆先后担任过缯国相、弘农令、辽东属国都尉等职，直到66岁死于官任之上时，都不曾遇过任何坎坷，而且深得吏人欢心，这无疑是与他的廉洁品行分不开的。

□故事感悟

廉洁在任何时候都是一种美德。廉为立身之本，这对从政者尤为如此。它是一种品质，是一种生活态度，也是立身于社会的明智之举。

□史海撷英

公沙穆治弘农县

弘农所在地为今陕、豫交界，古函谷关在其境内，地理位置重要，政务繁重，历来难治。但自从公沙穆调任弘农县令后，治绩优异，尤其在防治蝗害上卓有成效，深得弘农百姓的敬爱。

汉桓帝永寿元年（155年），豫西一带连遭暴雨，洪水泛滥，"三辅以东，莫不淹没"。由于公沙穆通晓气象水文之学，提前组织百姓迁移到安全地带躲避，结果唯独弘农受灾最轻，公沙穆由此更被百姓尊若神明。

□文苑拾萃

墨 梅

（元）王冕

我家洗砚池头树，朵朵花开淡墨痕。
不要人夸颜色好，只留清气满乾坤。

袁涣拒财自廉

袁涣(生卒年不详)，字曜卿，陈郡扶乐人。名门之后，东汉末人物，曾效力于袁术、吕布及曹操势力之下。

建安五年(200年)，魏国的曹操攻打下邳(今江苏睢宁县西北)。此时，袁涣正在曹操手下担任沛南部的都尉。

下邳城的城内积存着吕布的无数财宝，曹军在攻破下邳城后，曹操就给手下的官员们每人几辆战车，让他们随心所欲地瓜分那些财物。官员们个个争先恐后，把值钱的东西都据为己有，每辆车都装得满满的。

这时，唯独袁涣与大家不同，没有挑任何值钱的东西，只拿了一些书籍和一些口粮。别人见他这样，都不免为自己的贪财感到羞愧。

有一个与袁涣比较亲近的人问他："你为什么只拿了点口粮而不要值钱的东西呢？现在大家都赞扬你呢！"

袁涣回答说："因为行军的时候口粮是必不可少的，所以我只拿点口粮。本来也没有别的意思，想不到竟会受到大家的赞许，得了好名声，真有点不敢当啊！"

后来这件事情被曹操知道后，就更加尊重袁涣了。

袁涣在曹操手下时，曾先后担任谏议大夫和丞相军祭酒，为曹操出谋划策，得到了曹操的很多赏赐。但是，袁涣却把赏赐的财物都送给了别人，自己不积攒财物，也不购置产业。有时自己缺少什么东西，也坦然地求助别人。大家都非常钦佩他行为端正、光明磊落的廉洁作风。

□故事感悟

古人像袁涣这样清廉的官吏，都能受到颂扬和爱戴，那么今天，社会在飞速发展前进，为官者更应廉洁自律、修养品德。廉洁自律，向来难以做到，究其原因，在于人出来做事的目的是什么？如果目的就是求富贵，有了发财的机会，自然不会放过。如果有更高的要求，对财宝就不那么看重了。人生的目标将决定人生价值标准，同时也将在这样一种利益选择的时刻体现出来。

□史海撷英

袁涣不畏权势

袁术在阜陵被吕布击败后，袁涣也被吕布逮住了。吕布命令袁涣写信辱骂刘备，遭到他的严词拒绝。后来，吕布三番五次地催逼他，袁涣始终不答应。吕布大怒，手执兵器威胁道："如果你依照我的命令写信辱骂刘备，我就放你一条生路。否则，你就只有死于我的刀剑之下。"

面对死亡的威胁，袁涣轻蔑地一笑，鄙夷地说："我只听说世上有以德行使人感到羞辱的事，从未有因被谩骂而感到受辱的。刘备如果有君子风度，接到您的辱骂信后，定会非常鄙视将军的这种行为；而如果他也属于小人之辈，同样会像您那样，回敬一封辱骂信，那样招致耻辱的就是我们而不是刘备了。何况，我曾侍奉过刘备，他有恩于我，我怎么能写信辱骂他呢？就像我现在跟随将军，一旦离去，别人命我写信辱骂您一样，实感不妥。还望您三思。"

听了袁涣的一番高论，素来只逞匹夫之勇的吕布被折服了，很惭愧地向他道歉，不再逼他写辱骂信了。

■文苑拾萃

拒礼诗

（宋）包拯

铁面无私丹心忠，做官最忌念叨功。
操劳本是分内事，拒礼为开廉洁风。

田豫受金交公

田豫（171—252），字国让，幽州渔阳郡雍奴县（今天津市武清区东北）人，三国时期曹魏将领。

田豫出生于三国魏文帝年间，官至魏国大将军。他离任后，隐居在魏县。当时，健步诣被派到边关防守，念于田豫以前的恩情，上任路过魏县时，就去拜访他。

老友见面自然十分高兴，田豫杀鸡款待，又送他到了田野上，说："我这个退隐老人，你还辛苦地跑来看望，可惜我没什么能帮助你的！"健步诣同情田豫的清贫，与他泪别后，还和一些老朋友说起这个情形。

汝南太守筹集匹布数千，派人馈赠给田豫，但田豫一件也不要。他在病重时对妻子说："我死后一定要将我埋葬在西门豹的旁边。"

妻子感到有些不解，就问："西门豹是古代的神仙，怎么能葬在他身边呢？"

田豫回答："西门豹所做的事与我很相似，如果死者有灵，他肯定会善待我的。"妻子就依了他的意愿。汝南太守听到噩耗后，悲痛万分，为他画像又立碑。

田豫是个难得的清官，平日清廉节俭，皇帝赏赐给他的东西，还常常分送给将士们。凡是胡、狄部落偷偷送给他的财物，他都记录在册并送入官仓，从不拿回家用，所以他家非常清贫。正因如此，连不是他同道的人，也都对他的高尚品德给予肯定。嘉平六年（254年），帝王下诏褒扬他的事迹，同时恩赐给他金钱和粮食。

鲜卑族素利等部落，常带上牛马等礼物来拜见田豫，田豫就把这些礼物转送给官府。这些部落的使节觉得以前送的礼物太显眼，不如送黄金，就秘密地怀藏30两黄金，对田豫说："希望避开左右的侍从，我有话要说。"

田豫让身边的人回避，部落来使便跪下说："我们看到您十分清贫，所以以前送来一些牛马，但您却把它们交给了官府。今天秘密地送些黄金给您，好作为您家中的财产。"

田豫听到此话大吃一惊。他暗想，要是当面拒绝，只怕会伤了和气，因此就故意张开宽大的衣袖，把黄金收下，并感谢他们的好意。

等到部落的使节回去后，田豫立即将这30两黄金全部送到了官府的库房，然后又将这一情况写成奏折送给魏文帝。魏文帝知道这件事后，下诏表彰田豫说："春秋时期有个叫魏绛的人，为表示与戎族友好，光明正大地接受他们送来的礼物。而现在你举袖接受鲜卑送来的黄金却交公，真是非常了不起的做法啊！"

魏文帝还赏赐给他500匹绢。田豫收到后，分一半放在公家的小仓库里，以备奖赏给立功的将士；另一半则送给部落使节，以答谢他们送来黄金的情意。

□故事感悟

部落的使节怀藏黄金送田豫真的是很"机智"的做法，他们没有恶意，但田豫仍然拒收。对于"拒礼"来说，有时形式可能不是最重要的。田豫

的这种清廉洁身的作风也是值得我们当今社会提倡的。

■史海撷英

田豫战鲜卑

曹丕登基后，对北方边境的异族（主要是鲜卑）不断侵扰颇感头痛，便派牵招、田豫等人去应付。

田豫发现，高柳—濊貊（山西阳高县—朝鲜半岛北半部东南）一线，鲜卑有十几个部落，轲比能、弥加、素利三巨头各霸一方。他们讲好不用马匹和中原交易，田豫借此挑拨离间，诱使素利出售1000匹马给魏国，轲比能因此和素利翻脸，进攻素利，田豫出兵救援。

田豫率领精锐部队深入敌区，轲比能兵多势众，前后包抄，截断后路。田豫无路可退，索性不退，向前推进到离营区仅十多里的地点安营扎寨。然后派人搜集牛马粪便，把粪便点燃，冒出烟来。敌人远远看去，以为田豫部队在生火煮饭，哪知这时田豫早已带兵悄悄遁走，跑了几十里，才被鲜卑兵发现。

鲜卑兵急忙追赶，田豫退兵到了马城（今河北怀安县西北），被重重围困。这时，田豫命令司马（重要将领下属有司马一职，负责军务）举起旗帜，演奏军乐，率领步、骑兵从南门出来，敌人都被吸引住了，张大眼睛观看。不想田豫另外率领精锐骑兵从北门冲出，呼杀声四起，两面夹击。敌人的包围圈被冲散了，阵脚大乱，丢弓弃马而逃。田豫率兵追击二十余里，杀得尸横遍野。

■文苑拾萃

度关山

（魏晋）曹操

天地间，人为贵。
立君牧民，为之轨则。

车辙马迹，经纬四极。
黜陟幽明，黎庶繁息。
于铄贤圣，总统邦域。
封建五爵，井田刑狱。
有燔丹书，无普赦赎。
皋陶甫侯，何有失职？
嗟哉后世，改制易律。
劳民为君，役赋其力。
舜漆食器，畔者十国，
不及唐尧，采橼不斫。
世叹伯夷，欲以厉俗。
侈恶之大，俭为共德。
许由推让，岂有讼曲？
兼爱尚同，疏者为戚。

裴宪、荀绰廉洁耿直被重用

石勒（274—333），字世龙、初名，小字匐勒，上党武乡羯胡民族，是五胡十六国时代后赵的开国君主。石勒初年因公师藩而起兵，后投靠汉赵君主刘渊，后却与汉赵决裂，由汉赵分裂出去。石勒在他的谋臣汉人张宾辅助之下以襄国（今河北邢台）为根据地，并陆续消灭了王浚、邵续、段匹磾等西晋在北方的势力，继而又消灭曹嶷，进侵东晋以及消灭刘曜领导的汉赵，又北征代国，令后赵成为当时北方最强盛的国家。石勒又实行多项措施，推动文教和经济发展。

314年，汉赵的征东大将军石勒采用闪电战的方式，夺取了幽州州城蓟县（位于今北京市西南），抓获了王浚。此后，石勒大开杀戒，不仅处死了王浚，还屠杀了他手下的一万精兵。王浚原来的部将、属官和幽州的士大夫们都吓坏了，个个争先恐后地跑到石勒的营门去请罪，呈献的金银财宝堆成了小山。

但是，在这股喧闹一时的请罪、献金"浪潮"中，却有两个人稳坐家中不动，一个是从事中郎荀绰，另一个就是尚书裴宪。石勒对他们俩的名声早有耳闻，得知他们没来谢罪后，立即派人召见他们。

石勒对他们说："王浚在幽州暴虐无道，人鬼共愤。现在被我兴兵诛杀，使百姓脱离了水火之中，大家都来庆贺、谢罪，请求得到宽恕，唯有你们两人不来，这是为什么？你们不知改悔，难道就不怕杀头吗？"

石勒的威胁并没有吓倒裴宪、荀绰。裴宪神色坦然地说："我们几代人都受到晋王朝的恩惠和荣耀。王浚本人虽然粗暴凶恶，行为不端，但他毕竟是晋王朝的封疆大臣，我们怎能背叛？既然明公不准备以仁义教化天下，而非要用酷刑治理幽州。那么，被您杀死也是我们的本分，干吗要逃脱呢？请把我们交付给有关部门处决了吧！"

说完，裴宪和荀绰转身就走，也不拜石勒。

他们的气节令石勒非常赞赏，赶忙请他们留步，并亲自下座向他们道歉，以贵客的隆重礼节来招待他们。

枣嵩、游统等人是最早向石勒请罪、献金的几个王浚的亲信，石勒却下令把他们全都杀了。他指责枣嵩等人贪赃枉法，扰乱法令，祸害了幽州；游统等人对主人不忠，因此杀无赦。接着，石勒又下令清查王浚及其部将、属官、亲戚的家产，发现他们每一家都有数至巨万的不义之财，唯独裴宪和荀绰二人家里只有一百来本书和食盐、谷米各十余斛。

石勒听了清查报告后，更加钦佩他们两人，说："裴宪和荀绰真是名不虚传啊！这次战斗的胜利，我不但喜得了幽州，还喜得了裴宪和荀绰二位廉洁、忠贞之臣！"于是，石勒任命裴宪为从事中郎，荀绰为参军。

后来裴宪在石勒父子手下做官，一直做到右光禄大夫、司徒、太傅，封安定郡公，德高望重，为百姓称颂。是啊，凡是英明的统治者，都喜欢耿介、廉洁的臣属，即使曾经冒犯过自己，也不会去计较。裴宪

遇到了要创大业的石勒，因此得到重用；也正由于石勒能够重用裴宪、荀绰这样的廉洁、忠贞之士，他才得以开创后赵帝国的事业。

■故事感悟

北宋包拯有一首诗说："清心为治本，直道是身谋。秀干终成栋，钢精不作钩。"清心即廉，直道是耿。以廉洁耿直为人，以廉洁耿直立身，洁身自好，这在当时是令人称道的行为。历史上不乏耿介清廉之人，周昌之耿直，杨震之清白，经千年而不败，经万世而流传，谁能说他们的立身之道不牢固而长远呢？

■史海撷英

石勒抚顺百蛮

石勒称帝后，承袭了刘渊胡、汉分治的办法。称赵王时，又自号大单于，"镇抚百蛮"，命石虎为单于元辅。称赵天王后，又命其子石宏为大单于。

石勒禁止胡人侮谩汉人士族。看到很多胡族有兄死欺嫂的普遍风习，他便加以禁止，并不准再丧婚娶，以适应汉人习俗。官职基本依照晋制而有增设，如置专司胡人词讼的门臣祭酒，管理胡人出入的门生主书。

攻占幽冀后，石勒还核实州郡户口，每户所课租调比西晋王朝对农民的剥削有所轻减。为节省粮食，立国后禁止酿酒，计划推行钱币，代替布帛交易，可惜未能实现。

石勒对教育也相当重视，在襄国和地方都设立了学校。在新中国成立前，他还曾命人采择晋代律令要点，作为暂行制度，后改为正式律令。所设官职有律学祭酒。

题石勒城二首

（唐）吕温

长驱到处积人头，大旆连营压上游。
建业乌栖何足问，慨然归去王中州。
天生杰异固难驯，应变摧枯若有神。
夷甫自能疑倚啸，忍将虚诞误时人。

崔玄伯位高权重自清廉

崔玄伯（？—418），本名崔宏，字玄伯，以字行。清河东武城（今山东省德州市武城县）人。北魏大臣。史载玄伯"出总庶事，入为宾友，众务修理，处断无滞"。苻坚召为太子舍人，再迁著作佐郎。太原人郝轩称崔宏有"王佐之才，近代所未有也"。迁居齐鲁地区。北魏道武帝久闻其名，特遣轻骑追至海滨，拜为黄门侍郎，"俭约自居，不营私产，家徒四壁""出无车乘，朝晡步上"，家中几无资产，"妻子不免饥寒"。魏明元帝泰常三年（418年）卒。明元帝下诏痛惜，赠司空，谥文贞公。有长子崔浩，次子崔简，三子崔恬。

崔玄伯少年时期就显露出了奇才，人称冀州（今河北中南部、山东西端及河南北端）神童。

苻融在冀州时，对崔玄伯十分敬重，奉其为上宾，处处以礼相待，授任他为阳平公侍郎、冀州从事、主管征东记室。在外，他总管处理日常事务；入内，则是苻融的宾客好友。每日政务繁多，崔玄伯办理得井井有条，他处事果断，从不拖泥带水。

前秦主苻坚听说了崔玄伯的事情，对他的才能感到惊异，非要召为太子舍人，崔玄伯以母亲身体有病婉言辞谢，不久被降职为著作佐郎。太原（今阳曲、高城、平遥和顺间的晋中地区）人郝轩，素能知人，称崔玄伯有辅佐帝王的才能，近世没有人能与之相比。崔玄伯因躲避战乱停滞在齐鲁之间，被叛将张愿羁留，郝轩扼腕长叹："这样有才华的人遇到如此动乱年代，不能借扶摇之势奋起，只能与燕雀之辈同伍，岂不是太可惜了！"

虽然战争频仍，兵荒马乱，崔玄伯仍专心致志刻苦攻读，也不在意家中财产多寡，他的妻子跟随他不免常遭受饥寒折磨。

太祖早就听说玄伯有奇才贤德，便立刻召见崔玄伯，与之纵论天下大事，崔玄伯果然满腹经纶，应对如流。太祖心中大喜，任命他为黄门侍郎，伴驾左右，协助处理机要大事，为朝廷制定法令礼俗。

太祖要重定国号，交有关机构议论。崔玄伯引经据典，上自三皇五帝，下至殷商秦汉，历数其制定国号的由来原委，最后论及当世称："我国拥有广袤北方领土，地域辽阔，现传至陛下，蛟龙腾舞，应运而生。陛下虽是承继旧国，但又开创新业，于登国元年（386年）改代国为'魏'，现又有慕容永进献魏土，国力更盛，以'魏'命国，意味着神州大地，我为头等大国，这是改朝换代徵验，是大吉大利的兆头，臣以为应立国号为'魏'。"太祖觉得崔玄伯所言极是，欣然同意，于是四方宾王进贡，都称"大魏"。

太祖驾临邺地（今河北临漳县西南邺镇东），召崔玄伯询问旧事，玄伯熟知历史，一一从容应对，有问必答，太祖非常满意。

此后，崔玄伯又被任命为吏部尚书。大业初创，百业待兴，崔玄伯受命，督促各有关机构设置官职爵位，制定朝廷礼仪，颁定法令律条，明确各种规章制度，最后交由崔玄伯审查裁定，一旦确立，即作为今后长久的规范。此时的崔玄伯，位置权重名望高，可以说是要风得风、要雨得雨。人逢得势，最易忘乎所以，日渐奢侈，为所欲为，以致招致祸

灾。但崔玄伯一向清醒，自律很严，不随同流俗。官越做越大，仍一如既往，洁身自好，俭朴清廉，从无分外之举。

崔玄伯淡泊利禄，自己不经营产业，家徒四壁，清贫如洗。出门不乘车马，朝夕步行上下朝。老母七十高龄，每日也是粗茶淡饭。太祖久有耳闻，曾派人秘密察访，果然不错，因而对他更加器重，优厚赏赐。

也有人讥笑崔玄伯这样自苦未免过分，他听后都泰然处之，不因别人的议论以及嘲讽而改变初衷，反倒格外小心谨慎，清廉一贯。

太祖驾崩，太宗尚未继位，此时清河王拓跋绍听说朝中人心不稳，觉得有机可乘，便拿出大批钱财布帛馈赏朝臣，收买人心，只有崔玄伯知道他居心叵测，坚决不肯接受。太宗登朝，因崔玄伯拒受拓跋绍财物，有忠臣的节操，非常敬重，屈尊登门看望，特别赏赐丝帛200匹，这令曾接受过拓跋绍馈赠的重臣长孙嵩等人愧疚不已。

■故事感悟

人人都有"春风得意马蹄疾"的时候。有的人由于忘乎所以，马失前蹄，一失足成千古恨；有的人由于头脑清醒，扬鞭奋蹄，一路风光一路歌。北魏崔玄伯属于后者。守志者，情意精专，不为外物所惑。他们独立不惧，遁世无闷，贫贱不移，富贵不淫，威武不屈，宠辱不惊。然而守志却难。古往今来，一些人被地位、权力、利禄冲昏头脑，滥用权势，膨胀私欲，看风使舵，营一己之私。这些人何志可谈，何志可守！

■史海撷英

拓拔珪追请崔玄伯

北魏道武皇帝拓拔珪在征讨后燕国期间，崔玄伯曾经弃郡出走，东奔海滨。拓拔珪早就闻听崔玄伯的大名，知道这个人学识渊博，足智多谋，因而专程派人骑快马把他追了回来。

当时有人反对，说崔玄伯是个汉人，没必要这样重用他。拓拔珪却说，要是没有汉人，我们就没法统治中原。道武帝将崔玄伯请回之后，非常谦虚地与他谈了一次话。

道武帝从谈话中更加了解了崔玄伯，觉得自己没有看错人，立即让他担任黄门侍郎，与另一个臂膀张衮一同负责处理机要事务，共同参与军机大事，制定国家制度。

经过一段时间的观察后，崔玄伯发觉道武帝也是个明主，因而决定辅佐他成就一番大业。

■文苑拾萃

赠中尉李彪诗

（北魏）韩延之

贾生谪长沙，董儒诣临江。
愧无若人迹，忽寻两贤踪。
追昔渠阁游，策驽厕群龙。
如何情愿夺，飘然独远从。
痛哭去旧国，衔泪届新邦。
哀哉无援民，嗷然失侣鸿。
彼苍不我闻，千里告志同。

胡叟重义轻财

胡叟（生卒年不详），南北朝时期人物，生逢乱世，四方漂泊，坎坷多艰。他一生清贫，视富贵如浮云，满腹经纶，好发奇谈怪论，一支妙笔，写就天下文章。观其人，闲云野鹤，潇洒脱尘；观其行，天马行空，无拘无束。

南北朝时期，有一位怪才名叫胡叟。他少时便聪颖过人，悟性极高，13岁时就能辨疑析理，举重若轻，与成人高谈阔论，常令对方汗颜，因而远近闻名，人人称奇。

胡叟自学成才，但不肯拜师。有人劝他，他就口出狂言："古代圣贤之言，得其精神要义者，无非《易经》而已，深思熟虑即可知其大半。而今日迂腐儒士，只能粗略分辨刚柔二体，岂能探幽发微，预知未来，何谈为师？潜心求道，并非在乎相师。"

胡叟平日浏览群书，过目成诵，喜好作文，文思敏捷，驱遣文字，既典雅优美，又粗犷通俗。

羌人姚苌之子姚兴，在槐星（今陕西兴平市东南）称皇帝，后又降格自称天王，与魏军交战多年，屡受重创，渐渐衰微。胡叟见姚氏政权风雨飘摇，此后必有动荡，特只身进入长安城（今陕西西安市西北以东至华县），体察风情民俗，静观世事变迁。因怕被人知道，于是隐姓埋名，行踪不定。

当时，京北有个叫韦祖思的名士，从小饱读经籍，学问不浅，自视清高，对当世名流不屑一顾。但他早闻胡叟大名，听说胡叟来到长安，急忙设法召来相见，一同切磋。韦祖思待客比较随便，对胡叟不免稍有怠慢。

胡叟为人是何等狂傲，对这一切都看在眼里，但并不多言，故且与祖思谈些天气冷暖之类无关痛痒的闲话，话不投机，拂衣而起就要告辞。韦祖思好生奇怪，忙上前挽留，说："正要与君纵论天道人事，为何突然辞去？"

胡叟答道："可以谈论天道人事者早已不在，我知君，君知我，何必如此夸夸其谈。"言罢，不再啰唆，头也不回地飘飘然扬长而去。

胡叟一生四海为家，没有固定的居所。他最早进入汉中（今陕西南郑县），再随刘宋王朝的梁秦二州刺史冯翊吉翰入蜀。在蜀期间，胡叟为当地的豪杰俊才所推崇。当时，蜀中有个僧徒名叫法成，聚集率领游僧近千人，铸成丈六高的金佛像。宋主刘义隆恨他聚众喧哗，要对他施以极刑。胡叟听说后，急急忙忙赶赴丹阳（今安徽宣城县），极力为法成申说美言，终于使法成得以赦免。返回蜀地后，法成感恩不尽，一定要赠送珍宝财物，价值千匹布帛。胡叟重义轻财，说道："我此行是为德请命，义不容辞，与钱财何干！"将财物统统拒绝，仍是两袖清风而去。

益州（大部分在今四川省内）地处西南荒僻贫瘠之地，北有杨难当，西有沮渠牧犍，都是偏据一隅，建起自己的小朝廷。胡叟在这里住了五六年，始终无人赏识。胡叟也看清了这些小朝廷的苟安一

时，不会长久，自己滞留其间也没有什么施展的余地，因此曾对知己广平（今河北鸡泽县东南）人程伯达赋诗表明归魏的心迹说："吾之择木，夙在大魏。"

其后，胡叟果然北上归附北魏朝。

■故事感悟

人生在世，最难摆脱功名利禄的诱惑，立身之难，也正在于此。以胡叟的才气和名望，不难出人头地，谋求荣华富贵，但他却于滚滚红尘中不为名利所动，安贫乐道，洁身自好，孜孜追求潇洒逍遥的人生境界，真是活得自在。在名利场中追逐的人，不妨学学胡叟！

■史海撷英

胡叟田耕庖厨样样在行

胡叟饱读经史，绝非四体不勤的书呆子，田耕庖厨样样出色。有一次，一个叫高闾的朋友登门拜访，正巧看见胡叟一身短打扮，背着一捆柴草从田间走来。

朋友来访，当然要热情款待，虽然居室寒酸简陋，场院狭小，但饭菜精细、洁净，别有味道，浊酒、菜蔬、主食均是自家手制，佐以醋酱等调料，确实鲜美。

胡叟有两个妾，均已年老色衰，又瞎又跛，一身布衣，可谓褴褛不堪。高闾见此光景，很是不忍，就赠给他价值十余匹布帛的实物。胡叟也没推辞，坦然收下了。密云一带的人都很敬仰胡叟的品德，经常送给他粮谷麻布，胡叟却从不独享，总是跟大家共用，由此直至去世也没有余财。

古意赠今人

（南北朝）鲍令晖

寒乡无异服，毡褐代文练。
日月望君归，年年不解缓。
荆扬春早和，幽冀犹霜霰。
北寒妾已知，南心君不见。
谁为道辛苦，寄情双飞燕。
形迫抒煎丝，颜落风催电。
容华一朝尽，唯余心不变。

高恭之秉公执法

高恭之（生卒年不详），北魏渤海莜县（今河北景县）人，自称辽东（今辽宁辽阳）人。字道穆，以字行。孝明帝时为御史，纠劾不避权豪。正光中，出使相州，因奏发前任刺史李世哲劣迹而结怨。及兄谦之为李氏所害，他托庇于长乐王元子攸（孝庄帝）。孝庄帝即位，累迁中书舍人、给事黄门侍郎、御史中尉，参与机密。曾弹劾仆射尔朱世隆，选拔名士充御史，议置廷尉司直十人以肃法纪。官至尚书右仆射、南道大行台。后尔朱兆兵入洛阳，他被世隆所杀。谥曰成。

魏有高恭之，字道穆，世人不称呼其名而称呼其字。他潜心攻读经史，增长学识，在交友中非常慎重、挑剔，不是名流，不是俊才，便不与之往来。道穆志向很高，常对别人说："人生一世，应发奋立行，贵在被当世所知，否则就该退居江湖，砥节砺行，自求发展。"

他这样说，也这样做，时时寻求机遇，努力使世人认识自己，做一番事业。适逢御史中尉元匡选拔御史，他不失时机，毛遂自荐，以书信向元匡表明心迹，言辞恳切，行文优雅。元匡对道穆早有耳闻，见信后更加赏识，遂选用为御史。

御史为历代王朝中专司弹劾纠举的监察官员，责任重大，为官不易。元匡识人，道穆亦不辜负元匡的知遇之恩，上任伊始，大刀阔斧，该纠则纠，当查就查，毫不手软，也不管什么权贵豪强，概不避让。为此，深得元匡信赖，御史台中的事情，无论大小，道穆常参与其间，为元匡出谋划策。他曾向元匡进言说："古人有言，惩治一人，当使万人震慑，擒贼先擒王，豺狼当道，不问狐狸。明公肩负国家重任，应竭尽全力让天下人知法守法。"元匡对此深表赞同。

孝明帝正光年间，道穆奉命出使相州（今河北临漳县），相州刺史李世哲为前尚书李崇之子，正在春风得意之时，依仗权势，恣意妄为，置法律于不顾。他强买民房，大兴土木，建造起豪华住宅，高高的屋脊上都仿照宫殿安上了鸱尾形状的装饰，围墙上装有手中持节的小木人，奢侈越礼。道穆调查清楚后，毫不踌躇，马上将其绳之以法，命人全部拆毁，并从宅中搜出大量赃物，并将详情一一奏报朝廷。

庄帝重掌朝政后，道穆被授任征南将军、金紫光禄大夫、御史中尉，兼黄门。他在外秉公执法，在内参与决策机密大事，凡有利国利民的事情，决不耽搁，一定向庄帝呈报；见到不当之处，极力劝谏，忠心耿耿，诤诤良言，丝毫没有顾忌。他所选用的御史，都是当时有威望品德高尚的名流。

道穆处处依法行事，不分尊卑贵贱。仆射尔朱世隆为当朝权贵，气焰冲天。一次，道穆在朝中见他衣冠不整，有损礼仪，不容分说，当下就弹劾纠正。

不过，最值得大书一笔的还是他与庄帝的姐姐寿阳公主的一场冲突。当时，寿阳公主正乘车外出，行至中途，不知何故，随行的卒役不小心触犯了公主，公主命人用赤红大棒殴打不止，并大声斥骂，这样做

违反了皇族外出行必清道的律条。道穆撞见，上前制止，公主自恃是皇亲，并不把道穆放在眼里，仍我行我素。道穆一怒之下，喝令座役用大棒槌破公主的车子。堂堂公主，当众受辱，岂肯善罢甘休？因此，她把道穆恨得咬牙切齿，回去就向庄帝哭诉。庄帝倒还明白，也深知道穆的为人，便安慰道："高中尉清廉耿介，他的所作所为皆为公事，不宜因私怨而轻易责罚。"

过后，道穆进见庄帝，庄帝特意向他提起了这件事，说："前日，朕之姊行路时多有冒犯，朕因此事深感惭愧。"道穆见庄帝悉知内情，并不因触犯皇姊而降罪，心中感动，马上免冠叩谢说："臣蒙陛下恩遇，身为御史，恪守陛下制定的法令，不敢因公主一人而违犯朝廷典章，以致辜负陛下殷殷期望。冲撞公主乃不得已而为之，还望陛下恕罪。"

庄帝听罢越加谦和，笑道："朕有愧于卿，卿却反来谢朕，真乃朕之贤臣。"

□故事感悟

高道穆不因人废法，坚决维护法令尊严，即使皇亲公主也不例外，忠勇可嘉，不愧一耿介之士。耿介之人必忠正无私，唯此方有耿介之语、耿介之举。而庄帝不偏袒皇亲，能识人、信人、用人，不因小失大，就此而言，还是有些眼光和胸怀的。

□史海撷英

寿阳公主与梅花妆

南朝时期，有一年正月初七的下午，宋武帝刘裕的女儿寿阳公主正在宫廷里与宫女们嬉戏。

不一会儿，寿阳公主感到有些累了，就在含章殿的檐下躺下小憩。正巧一阵微风吹来，蜡梅花纷纷飘落，有几朵正好落在了寿阳公主的额头上，经汗水渍染后，在公主的前额上留下了蜡梅花的淡淡印痕，挥之不去，这使寿阳公主看上去更显娇柔妩媚了。

皇后见了寿阳公主后，非常喜欢，特意让寿阳公主保留着它，三天后才把它洗掉。

从那以后，爱美的寿阳公主便经常摘几片蜡梅花粘贴在前额上，以增妩媚。宫女们见了，个个称奇，都跟着效仿起来。于是，这种被人们称为"梅花妆"（或简称"梅妆"）的妆饰方式便在宫中迅速流传开来。

□文苑拾萃

竹疏梅瘦摊破浣溪沙梅花妆

佚 名

懒画双眉翠黛长，笑提朱笔点云妆。
迟报三分早春讯，蕊心黄。
片片红香明秀目，纤纤白玉动柔肠。
娇挽雪前梅花指，细端详。

高允一生清廉得皇恩

高允（390—487），字伯恭，渤海蓨（今河北景县东）人。少年丧父，清河崔玄伯见而异之，叹曰："高子黄中内润，文明外照，必为一代伟器，但恐吾不见耳。"曾让产予弟，出家为僧，法名"法净"。不久还俗求学，常负笈千里。高允好文学，熟《春秋公羊》，初为郡功曹，后为中书博士，迁侍郎。神麚二年（429年）奉诏与崔浩、邓颖、晁继、黄辅等同撰国史，纂成《国书》三十卷。文成帝时，位至中书令。卒年九十八。著作有《左氏解》《公羊释》等。明人辑有《高令公集》。

虽然高允长期在朝廷为官，家境却一直贫寒。有一次，文成帝亲自到他家慰问，只见他家旧屋数间，被褥是麻布做的，棉袍是用旧棉絮做的，厨房里只有食盐和青菜，文成帝叹息道："古人的清贫也没到这个地步啊！"当即下令赏赐给高允500匹绢、1000斛米，还任命他的长子高枕为绥远将军和长乐太守。虽然高允多次上表推辞，文成帝也不肯答应。

对于个人仕途的发展，高允也看得很淡。当初跟他同时被征召的游雅等人都已经封侯，他部下的一百多人也官拜刺史2000石，唯有高允做了27年郎官仍然没有提升。北魏官吏没有俸禄，高允就经常让孩子们上山打柴采野菜来维持生活。因此，文成帝对他非常尊重，一直称呼他"令公"，不叫他名字。之后，这个称呼也慢慢流传开来。

可是，对于有困难的人，即使是犯罪人的亲属，高允也乐意相助。尚书窦瑾犯罪被杀后，他的儿子窦遵逃亡到山里隐藏起来，妻子焦氏则入宫府做了女婢。后来，焦氏由于年迈被赦，然而窦瑾的亲戚朋友却没有一个人肯收留照顾她。高允非常可怜焦氏年老孤独，就把她接到自己家中供养了6年，等到窦遵被释罪放行后才送回他家去。

太和十年（486年），高允已经97岁，却头脑清醒，精神矍铄，还能记得从前各种官吏的职守，翻阅核对史书。孝文帝给他加官光禄大夫（官阶名），仍然还向他征求有关金章紫绶和朝中大政方针的意见。

孝文帝知道高允喜欢音乐后，就下诏说："高允年逾古稀，却家贫如洗。请主管宫廷音乐的太乐署，抽调10名演奏弦乐器和竹质管乐器的艺人，每5天就到高允家去演奏一次，让他晚年快乐。"另外还特别赏赐给高允四川产的牛、乘车和白色生绢等物品，每逢春秋季节就给他送去各种山珍海味。

后来，孝文帝又下诏，每天早晚为高允供应饮食，每月初一和十五还给他送去牛肉和美酒，每月发给他衣服丝绵和绸缎，以便能延长高允的生命，好让他继续为朝廷服务。但是，高允每次都把物品分给自己的下属和旧友。

高允生病时，孝文帝、冯太后特地派御医给他看病，并赏赐给他只有皇上才能享用的各种美食，如酒、肉、粮、床帐、衣服等，庭院都堆满了。还有亲王和各级官员也络绎不绝地前去慰问。高允喜形于色，对

人说:"皇上认为我太老了,赏赐这么多东西,正好可以分发给客人了。"同时,他还上表对皇恩表示感谢,只是没过几天,高允就去世了。

□故事感悟

听说官场有一术语叫"安全降落",也有相反的例子说"晚节不保"。高允年逾古稀,但家贫无储,这是多么廉洁清正的品质啊!

□史海撷英

高允简朴

有一天,文成帝召开朝会,发现著作郎高允已经27年没升过职,他本人居然从未提过这方面的要求,不由得大为感慨。文成帝说:"你们这些人虽然每天手拿刀枪弓箭,在我一旁侍候,然后观察我高兴的时候向我乞求官职,这不过是站立的功劳,却得到封王封侯。高允用一支笔辅佐国家,他的部下已经有一百几十人都官至刺史了,他却一直在做郎官,你们难道不感到羞愧吗?"

大臣们听了面面相觑,没敢吱声。这时,司徒陆丽上前禀告说:"陛下教训得是,高允虽然没少受皇上的恩宠,但家中贫苦,妻子儿女没有家产。"

文成帝大为惊讶,马上命令起驾,亲自到高允家察看。

进得高允家的大门,只见院落荒疏,仅有草屋数间,屋里炕上的被褥都是用麻布做成的,家人穿的都是用旧棉絮做的棉袍,厨房里只有一点儿食盐和青菜。文成帝看过,不住叹息:"古人的清贫也不至于到这步田地啊!"他招手让高允过来,询问原因。原来北魏的官吏都没有工资,他们的生活主要靠皇帝的赏赐,或者经营些田产取得收入。高允当年随太武帝南征北战,立下不少功劳,得到的赏赐无数,但都被他分给手下的士兵了,他自己则过得非常窘迫,以致有时无米下锅,只好经常让儿子们上山打柴采菜，以补贴家用，维持生活。

　　文成帝深受触动，当即下令赏给高允绢帛500匹，谷米1000斛，任命他的长子高忱为绥远将军、长乐太守。高允三番五次地上表推辞，称其不可当此大用，文成帝态度坚决，不予批准。

■文苑拾萃

《酒训》节选

（魏晋）高允

　　自古圣王，其为飨也，玄酒在堂而？酒在下，所以崇本重原，降于滋味。虽泛爵旅行，不及于乱。故能礼章而敬不亏，事毕而仪不忒。非由斯致，是失其道。将何以范时轨物，垂之于世？历观往代成败之效，吉凶由人，不在数也。商辛耽酒，殷道以之亡；公旦陈诰，周德以之昌。子反昏酣而致毙，穆生不饮而身光。或长世而为戒，或百代而流芳。酒之为状，变惑情性，虽曰哲人，孰能自竞？在官者殆于政也，为下者慢于令也，聪达之士荒于听也，柔顺之伦兴于诤也，久而不悛，致于病也。岂止于病，乃损其命。谚亦有云：其益如毫，其损如刀。言所益者止于一味之益，不亦寡乎？言所损者天年乱志，天乱之损，不亦夥乎？无以酒荒而陷其身，无以酒狂而丧其伦。迷邦失道，流浪漂津。不师不遵，反将何因。

傅昭为官廉洁

傅昭（生卒年不详），字茂远。北地灵州（今宁夏灵武县）人。一生经历宋、齐、梁三朝，任过州郡属官、地方长官，甚至是朝廷官。

傅昭一生经历宋、齐、梁三朝，任过州郡属官、地方长官、朝廷官，在各种险恶的政治环境中保持了自己的地位和名声，可谓深通立身之道。

傅昭的立身之道，概括起来有两个字：一曰慎，二曰清。傅昭的父亲名叫傅淡，在南朝刘宋时以善"三礼"知名，曾任竟陵王刘诞的属官。刘诞谋反，傅淡也受到牵连被杀。当时傅昭年仅6岁，但父亲之死，在他幼小的心灵中刻下了为人须谨慎的教训。

后来，司徒建安王刘休仁欲召傅昭为属官，傅昭看到宋朝的政局不稳，没有应召。南朝萧齐永明初年，傅昭长期任南郡王萧昭业的侍读。后来，萧昭业继帝位，他旧时的属僚臣纷纷来争求权宠，唯有傅昭无所参入，不求荣耀，仅求保身而已。后来，萧昭业当上皇帝仅6个月便被废，傅昭因未卷入这场政治争斗而免祸。

南朝萧梁时，有一次，儿媳从娘家带回牛肉以孝敬傅昭。那时候有个法令，禁止私自屠宰耕牛。傅昭便对儿子说："这牛肉吃了则犯法，告发则害了亲家，还是将牛肉收下埋了吧。"傅昭用此法，既保全了自身，又保护了亲家，可见其处事谨慎周到。

梁武帝天监十一年（512年），傅昭被任命为信武将军，安成（今广西宾阳县东）内史。安成郡中有溪无鱼，有一年盛夏，有人献给傅昭一些鱼。傅昭不愿意收，又不愿得罪送礼者，便把鱼放在门边。别人见此，便不好意思再送了。

天监十七年（518年），傅昭任智武将军、临海（今浙江临海东南）太守。郡中有一处蜜岩，以前各任太守都把此地封为官地，借以收利。傅昭到任，下令勿封，与民同利。

史载傅昭所莅之官，常以清静为政。他居朝廷，无所请谒，不畜私门生，不交私利。其处世立身可谓明智，其得以善终，被皇帝谥为贞子，正是得益于清廉谨慎这两个立身之法。

■故事感悟

傅昭的谨慎与他周密的思考是分不开的，他认为吃牛肉犯法，告发则害了亲家，只有把牛肉埋掉。其实如果事情暴露，他埋掉牛肉，也属于知情不报，会受到惩罚。可见任何谨慎之人，在生活中也免不了要担责任的。问题的焦点是敢不敢承担责任和自己是否考虑好了在事情到来后该怎样应付。有了为官清廉这个基础，任何事情都有应付的理由。所以傅昭的两条经验，原本是相辅相成的。

■史海撷英

傅昭善待百姓

傅昭自幼生活贫寒，日后出任要职后，即使大权在握，他也从不妄收

一物。

　　有史书记载，傅昭为官清廉自守。在担任浙江临海太守时期，由于当地盛产蜜橘，以前的太守经常派人加以看管，不让老百姓采摘。傅昭到任后，将橘子摘下来放在衙门口，让老百姓随便吃。老百姓对此十分称赞，说傅昭是真正为人民着想的好官，是真正的清官。

■ **文苑拾萃**

六朝门傅昭

（唐）周昙

为政残苛兽亦饥，除饥机在养疲羸。
人能善政兽何暴，焉用劳人以槛为。

裴侠清廉勤政爱民

裴侠（？—559），字嵩和。河东解（今山西运城西南）人。祖父裴思齐曾在北魏时任议郎。父亲裴欣为西河郡守，死后得晋州刺史的名号。裴侠虽以门资解巾赴任，以至官达公卿之位。然而他官高不失其志，一生为政清廉，生活俭朴，克己爱民，所在州郡人民感其遗爱。

裴侠13岁时失去了父亲，青年时任州主簿，举为秀才。北魏正光年间（520—525年）以门资得到散官奉朝请，后升任为义阳郡守。

永安二年（529年），元颢反叛魏朝，攻下了洛阳，并派使者到义阳见裴侠。裴侠烧掉送来的书信，对他的命令充耳不闻。

不久，尔朱荣率军平定了叛乱，孝庄帝回到洛阳嘉奖功臣，以裴侠有忠勇精神而授予他东郡太守，兼防城别将一职。

永熙二年（533年），高欢打败了尔朱荣之子尔朱兆，收其部众，势力大增。孝武帝为了抑制高欢，起用拥有重兵的贺拔胜和贺拔岳兄弟俩，同时向河南（今山西南部黄河以南地区）征兵，加强京城的防卫。裴侠则率自己的部众前来京都守卫。

永熙三年（534年），高欢用计除掉了贺拔岳，形势变得非常严峻。武魏将军王思政私下和裴侠商讨时政，认为当时权臣高欢不领王命，自以为是，孝武帝力量日渐衰弱，如此情景该怎么行动？裴侠认为，假如和高欢作对，那就会有眼前的麻烦，要是与宇文泰交往又怕有将来的忧虑，不如跟随孝武帝，谨慎从事，从长计议，相机行事。王思政同意这个决策，因此向孝武帝推荐，授予他左中郎将的职位。

正在这年，高欢进军洛阳，孝武帝逃奔长安。裴侠随其入关，因此赐爵清河县伯，官至丞相府士曹参军。

西魏文帝大统三年（537年），高欢与宇文泰在沙苑（今陕西大荔县）大战，裴侠率领乡兵部曲随军打仗，奋不顾身，十分勇猛。文帝奖励他的勇猛精神，引用孔子"仁者必勇"的话语令他改裴协为裴侠，同时升为侯爵。

大统八年（542年），并州刺史王思政镇守玉壁（今山西稷山县西南），在朝中选择镇守的将领，结果选中了善战的韦孝宽和富谋的裴侠，命裴侠为长史。玉壁城周围八里，四面临谷，地势险要，易守难攻。

高欢通过高官厚禄的方式招聘了王思政，希望瓦解西魏的力量。王思政让裴侠替他回信，文字气势磅礴，文帝称赞他帮助他人挫难解纷堪比战国时的鲁仲连。

大统十二年（546年），高欢多次攻打玉壁未成功，得病退兵，裴侠因为守玉壁有功而被封为河北郡守。

上任后他躬履俭朴，爱民如子。河北郡旧例有30名渔猎者和30名男丁供郡守驱使，裴侠觉得满足自己的口腹去役使他人心有不安，因此，悉令免除。将他们交纳的租税买了官马，几年繁殖成群。但当他离任时，却一无所取，郡内民众无不怀念他，人们编了歌谣传颂道："肥鲜不食，丁庸不取，裴公贞惠，为世规矩。"

文帝十分欣赏裴侠勤政爱民的风范，很想把他作为众郡守的模范。一次，文帝在朝中请裴侠独立一边，然后对众人说，裴侠奉公清廉天下无人能比，你们谁能同他相比可以站到他这边来，众郡守都不敢应对。于是文帝把丰厚的物品赏赐给他，朝野上下无不心服口服，盛赞他是"独立使君"。

■ **故事感悟**

裴侠之所以能鹤立鸡群，名留青史，显然得益于他注重修身养性，洁身自好。在裴侠那个时代，当官的恐怕不是在想着如何保住小命，就是想着怎样及时行乐，而裴侠不但自己清廉为公，还宣扬这种很"不合时宜"的清廉，这个"独立使君"的称号真是名副其实！"独立使君"的作风应当受到后人的尊敬。

■ **史海撷英**

裴侠为官清正

557年，北周孝闵帝即位，裴侠升任为司邑下大夫，加骠骑大将军、开府仪同三司，进爵为公。后又担任户部中大夫，几十天之内就调查、揭发出贪官污吏的行为，树立了清廉严政的威名。

随后，裴侠又被调任工部中大夫，把那里的贪官污吏吓坏了。大司空的掌钱物典李贵躲在家里哭。裴侠得知后令他自首，李贵承认贪污赃款500万。后来，裴侠由于劳神过度得病了，每天感觉昏昏沉沉。一日忽听到有五鼓的声音，立即惊起，奇怪的是他的病情竟因此好转了。晋公宇文护感叹裴侠的忠诚，病危还忧国忧民。

在裴侠病重期间，许国公宇文贵、北海公申微等都曾去问候他，看到

他住的房屋贫瘠寒酸，使返回朝中向明帝报告。明帝顾惜他的贫苦，为他修住宅，并赐给他十顷良田。明帝武成元年（559年）裴侠病故。朝廷赠给他太子太师和蒲州刺史的称号。赐谥为贞。

□ 文苑拾萃

神士赋歌

（北魏）李谧

周孔重儒教，庄老贵无为。

二途虽如异，一是买声儿。

生乎意不惬，死名用何施。

可心聊自乐，终不为人移。

脱寻余志者，陶然正若斯。

岑文本谦逊守职

岑文本（595—645），南阳郡棘阳县（今新野县）人，字景仁。唐初贞观朝的宰相之一，封爵江陵子，也是隋唐时代重要的文学家。自幼聪慧敏捷，博通经史。他善于文词，《新唐书·艺文志》著录其文集60卷，已散佚。《全唐文》录存其文20篇，《全唐诗》录存其诗4首。

岑文本原为萧铣部下中书侍郎，专门掌管文书档案。河间王李孝恭降服萧铣，平定荆州以后，岑文本劝说李孝恭制止部下劫掠荆州、江陵百姓。李孝恭欣然采纳，任命岑文本为荆州别驾。后李孝恭进击辅公祏，召岑文本掌管军中文书，任命他为行台考功郎中。

贞观元年（627年），太宗任命岑文本为秘书郎，兼直中书省。后经李靖推荐，岑文本又被提拔为中书舍人。岑文本负责起草诏书、文告，事务繁多时，岑文本即命六七名书童同时书写，由他一人口授，片刻即告完成，条理、文辞皆极尽其妙。后太宗又命岑文本代颜师古任中书侍郎。

岑文本是书生出身，把谦逊当作自己立身的根本。平生的故人、旧

友，即使地位低贱，岑文本也以平等之礼相待，不因自己居高官而慢待他们。岑文本崇尚节俭，他的住宅陈设极其简陋，室内连坐垫、帷帐之类的物品都没有。岑文本对母亲极孝顺，对弟弟、侄儿恩义也很深。太宗常夸奖岑文本"宽厚忠谨"，表示愿意"亲近他，信任他"。

当时，刚刚立晋王李治为皇太子，朝中的君士多兼任宫官，太宗也想让岑文本兼任太子宫中的官职。岑文本两次向太宗行叩拜礼，说道："我才能平庸，任职已经超出了我的才能。我仅任现在的一职，还生怕自己产生自满情绪，岂敢再增添太子宫的官职，而招致时人的旁议！我请求一心一意侍奉陛下，不再希冀东宫的恩泽。"于是，太宗放弃了原来的打算，但仍然令岑文本每五日去东宫参见太子。

皇太子李治以接待宾客、朋友的礼节接待岑文本。不久，太宗任命岑文本为中书令，岑文本回到家后，面带忧色，他的母亲感到奇怪，问他其中的缘故，他说："我既不是皇上的功臣，又不是皇上的旧臣，非分地承受恩宠，官位高，责任重，所以感到忧愁、恐惧。"

亲戚故交有人前来祝贺，岑文本就说："我只接受慰问，不敢接受祝贺。"又有人劝他经营产业，他叹息着说："我原是南方的一名平民百姓，徒步进入函谷关，原来的愿望只不过是充任一名秘书郎或一名县令而已，没有一点战功，仅凭舞弄文笔而达到中书令的高位，这已是到了极点。领取优厚的俸禄，内心感到恐惧的事已经很多，怎么能再谈及经营产业呢？"向岑文本进言的人叹息着退了出来。

将伐辽东时，太宗把所有筹划调度之事都委托岑文本办理。岑文本接受重任，尽心竭力，精神极度紧张，连言辞举动都与平时迥异。太宗见岑文本如此操劳，心中十分忧虑，对左右的人说："文本今日与我同去，恐怕不能与我同归了。"

等到大军到达幽州（治所在今北京西南），岑文本突然患病，太宗亲临病榻前探望，流着泪抚慰他。不久，岑文本在军营中病逝。当天夜里，太宗听到更鼓之声，说道："文本病逝，大家心情沉重，不忍心再听到击鼓之声。"立即命令停止击鼓。

■故事感悟

岑文本尽忠职守，勤勤恳恳为朝廷效力，由于认真负责，操劳过度，英年早逝。但他忠于职守，认真负责，勤恳工作的精神，值得我们学习。

■史海撷英

唐太宗器重岑文本

唐太宗在位期间，颜师古是朝廷的重臣，文书巨擘，精通典章文物制度，名重一时。皇帝的诏诰全部由他来写。后来，颜师古因事丢官，当时人们都认为无人可以代替他。可是，唐太宗却说："我有南阳岑文本，才能远在颜师古之上。"

不久，太宗任命岑文本为中书侍郎，专管机密，可见是多么器重他。岑文本不仅才华横溢，而且重于操守。每遇升官，不喜反忧，不是感到才能不足，而是觉得应该多做实事，责任重大，因此唐太宗非常赏识他。

第三篇

为人自立自省

太子忽辞婚为自立

郑庄公（公元前757—前701），名寤生，春秋时代郑国君主。郑庄公继承了其父郑武公出任周平王的卿士，后来周平王宠信虢公，郑庄公与周朝关系开始转坏。郑庄公在位期间，郑国国势强盛，并曾发生多次战事，包括由庄公之弟共叔段发动的叛乱，并吞戴国以及击败周桓王率领陈、蔡、虢等联军的繻葛之战。特别是后者，确立了郑国的"小霸"局面，证实了东周权威的衰弱。

杜甫有两句诗："门阑多喜色，女婿近乘龙。"把女婿称作乘龙，对女婿来说不是光彩的事，它意味着无能或低能的男人，要靠妻家抬高自己。两千多年以前，郑国的太子忽却不是如此。

公元前706年，北边的戎人攻打齐国，齐国派人到郑国求援。郑国郑庄公的儿子太子忽率军救援齐国。太子忽来到齐地，把北戎军队打得大败，俘虏了两个戎军主帅，并杀死戎军兵士三百多人。齐国君很感谢郑国的支援。

在鲁桓公向齐国求婚前，齐侯想把文姜嫁给太子忽，太子忽婉言谢绝了。有人问太子忽："齐国是大国，文姜又是美女，您为什么

要推辞呢？"

太子忽说："婚姻乃人生的大事，其关键之处在于配偶要适合自己。正因齐国强，姜氏美，我才推辞。如果我接受，让人家说我不是求妻子，而是想通过妻子来保护自己。人们常说：'依靠自己，福德无限。'我立身靠我自己，靠大国干什么？"

太子忽打败了戎军后，解除了齐国的危难，齐侯又想把别的女子嫁给他，可太子忽又一次推辞了。

别人问他为什么，太子忽说："想当初我并未对齐国做什么事，尚且不敢娶其国女为妻。现在，我只是受了我国国君的命令，率军解救了齐国的危难。如果我因此娶了齐女为妻，这势必会给人一个印象，认为我是借战争之机而娶妻。我回去以后，百姓们将会怎么评价我呢？"

故事感悟

太子忽不愿借大国以立威，不愿把婚姻看成是对自己军功的赏赐，真可谓是深通立身之道的明智之人。

史海撷英

郑庄公善外交

郑庄公一生当中遇到的重大事件，就是郑、宋两国的争端。

当时，郑国东邻宋国，北邻卫国。郑与宋、卫这两个国家都有矛盾，随时有遭到它们夹攻的危险。公元前719年，宋国纠集了包括卫、陈、蔡、燕、鲁在内的多国联军，先后两次围攻郑国，大有铲平郑国之势。

在这种情况下，郑庄公沉着冷静。他一方面在军事上加强防御，另一方面在外交上与列国加强往来，改进关系，联合一切可以利用的政治力量。

当时，诸侯中强国是齐国，郑庄公密切注意与齐的关系，以便借齐国势力来牵制宋人。此外，他与周交恶也很注意策略。虽然大败王师，而又夜使祭仲劳王；既恨周王弃己，又用周王的权威来打击宿敌。

公元前713年，郑庄公借声讨宋殇公不朝周天子的罪名，联合齐、鲁两国，以天子之命讨伐宋国。齐、鲁军队在菅（今山东武城县东南）打败了宋军，郑军先攻占宋国郜（今山东武城县东）、防（今山东金乡县西），后又打败宋、蔡、卫三国联军，最终征服了宋国。

□文苑拾萃

郑庄公寤生

佚 名

战场在东周，诸侯势胜王。
平王质太子，畏惧郑公庄。
太子狐留郑，忽儿驻洛阳。
忽康回郑国，太子病归亡。
父死子桓王，猜疑郑寤防。
夺其卿士位，竖子怎猖狂。
动武欲征周，终究不敢尝。
何能消怒气？抢麦救灾荒。
欲惩宋无名，旌旗不敢扬。
还需假帝义，恬面见周王。
帝恼但讥问，今秋复饿肠？
成周温邑米，再可煮来香！

叔向蒙冤不丧志

叔向（生卒年不详），姬姓，羊舌氏，名肸，字叔誉。因被封于杨（今山西洪洞县），以邑为氏，别为杨氏，又称叔肸、杨肸。他出身于晋国公族，历事晋悼公、晋平公、晋昭公三世，为晋平公傅、上大夫，是春秋时期晋国的政治家、外交家。叔向和晏婴、子产是同时代的人，他不曾担任晋国国政的六卿，但以正直和才识著称于世。公元前546年，叔向代表晋国与楚国达成了弭兵会盟，缓和了当时的形势。

春秋时，晋国的叔向在朋友的帮助面前就能分出真假虚实。公元前552年，晋国公卿内部由于栾祁作祟，发生了一起不大不小的乱子。

晋国的大夫栾桓子曾迫使范鞅一度逃离晋国。后来，范鞅回国，深恨栾氏。栾桓子娶了范宣子的女儿栾祁为妻，生了栾盈。

栾桓子死后，栾祁和栾氏家臣州宾私通，整个栾氏家产几乎都为州宾所占有。栾盈对此事很不满。栾祁害怕栾盈干涉，便抢先到范宣子面前说栾盈的坏话。她说："栾盈对范氏始终不满，他一直以为他父亲栾桓子的死是范氏毒害所致，所以一直图谋叛乱。栾盈虽然是我儿子，但我怕他伤害您，不得不告诉您这件事。"

栾盈为人大方，喜好施舍，很多士人都归附于他。范宣子本来对栾盈就很不放心，又听栾祁这么一说，更加信以为真。于是，他找了个借口欲治栾盈之罪，逼得栾盈逃亡到楚国。接着，范宣子又将栾盈的亲族好友杀了一批，关押一批。

晋国大夫叔向也被认为是栾盈一党而被关押，后来虽被释放，却被软禁在家。有人对叔向说："您无缘无故获得罪过，又不能为自己洗清，这能算聪明吗？"

叔向说："我这又算得了什么呢？还有人被杀，被迫逃亡呢！比起他们，我今天仍是优哉游哉地过日子，这不是很聪明吗？"

叔向这样说是因为他坚信总有一天，自己的冤屈会得到申明。果然，不久以后，晋王的宠臣乐王鲋便前来求见叔向，他对叔向说："您无故获罪，真是太冤了。我要向国君为您申冤。"

叔向听了，只微微一笑，并未理睬他。

乐王鲋自觉没趣，只好悻悻而去。叔向见他走了，连送也不送。

叔向手下的人见此，纷纷责备叔向对乐王鲋太不礼貌了。叔向说："乐王鲋对这件事能起什么作用呢？这件事的解决，只有靠祁奚祁大夫才行。"

手下的人不解地问："乐王鲋是国君的宠臣，他所说的话，国君没有不照办的。他想请求国君赦免您，您又不答应。而祁大夫已经告老退休，指望不上，您却一定要依靠他，这是为什么？"

叔向说："乐王鲋之所以得国君的宠爱，是因为他一切都顺从国君的意愿，他怎能为我辩解呢？而祁大夫就不同了。想当初，国君让他

举荐人才，他就推举一贯与他作对的人，还推举他自己的亲人，被人誉为荐贤不避仇、举才不避亲的正直的人。因此，为我辩解，只有靠他了。"

果然，几天以后，晋悼公向乐王鲋询问叔向的罪过，乐王鲋便顺着晋君的意愿说："他的哥哥羊舌虎与栾盈一党，他也可能参与策划叛乱。"

这时，祁奚已经告老在家闲居了，但当他听到叔向受牵连一事，立刻坐着车子去拜见范宣子。他对范宣子说："书上曾说：智慧之人有谋略，善训诲，这样的人应当相信他、保护他。叔向为国谋划而少有过错，教育别人而不知疲倦。这样的人是国家的栋梁，即使他的十代子孙有过错都要赦免，以此来勉励有能力的人，怎能让这样的人蒙冤致死呢？想当初，鲧被诛戮而他的儿子禹却继承王位；伊尹流放太甲，太甲登王位并不怨恨他；管叔、蔡叔因谋反被杀而他们的兄弟周公却能辅佐成王。这样的事在古代很多，为什么叔向要因为哥哥羊舌虎而受牵连？"

祁奚的一番话说得范宣子心服口服，于是他们二人便同乘一辆车面见晋悼公，劝说他赦免叔向。

□故事感悟

叔向可谓善于处世立身的明智之人。他蒙冤不丧志，受屈不沮丧，以良好的心态等待冤屈辨明的一天。他并未因饥乱觅食，因病乱求医，面对乐王鲋的虚情假意一笑了之。他坚信正直的祁奚，尽管他已退位闲居，仍派人求救于他。人之立身，是要靠朋友帮助的。但这朋友，不是虚情假意口蜜腹剑之人，真正的帮助来源于正直之人。

叔向贺贫

有一次，叔向去见韩宣子。韩宣子正在为贫困发愁，可叔向却向他表示祝贺。

韩宣子说："我是空有晋卿的虚名，却没有它的财产，所以没有什么可以与卿大夫们交往的，我正在为这件事发愁呢，可你却祝贺我，这是为什么呢？"

叔向回答说："从前栾武子没有百人的田产，他掌管祭祀，家里却连祭祀的器具都不齐全，可是他能够传播美德，遵循法制，名闻于诸侯各国。诸侯亲近他，戎狄归附他，因此使晋国安定下来；执行法度，没有弊病，因而避免了灾难。传到桓子时，他骄傲自大，奢侈无度，贪得无厌，犯法胡为，放利聚财，该当遭到祸难。但依赖他父亲栾武子的余德，才得以善终。传到怀子时，怀子改变他父亲桓子的行为，学习他祖父武子的德行，本来可以凭这一点免除灾难，可是受到他父亲罪孽的连累，因而逃亡到楚国。那个郤昭子，他的财产抵得上晋国公室财产的一半，他家里的用人抵得上三军的一半，他依仗自己的财产和势力，在晋国过着极其奢侈的生活，最后他自身被陈尸在朝堂上，他的宗族也在绛邑被灭绝。如果不是这样的话，那八个姓郤的有五个做大夫，三个做卿，他们的权势够大的了，可是一旦被诛灭，没有一个人同情他们，只是因为没有德行的缘故！现在你有栾武子的清贫境况，我认为你能够继承他的德行，所以表示祝贺。如果不忧虑道德的不曾建树，却只为财产不足而发愁，要表示哀怜还来不及，哪里还能够祝贺呢？"

韩宣子听后立即下拜，并叩头说："我正在趋向灭亡的时候，全靠你拯救了我。不但我本人蒙受你的教诲，就是先祖桓叔以后的子孙，都会感激你的恩德。"

仰答韦司业垂访五首

（唐）萧颖士

一逢盛明代，应见通灵心。
晋代有儒臣，当年富词藻。
立言寄青史，将以赞王道。
辽落缅岁时，辛勤历江岛。
且言风波倦，探涉岂为宝。
不遇庾征西，云谁展怀抱。
士贫乏知己，安得成所好。
彭阳昔游说，愿谒南郢都。
王果尚未达，况从夷节谟。
岂知晋叔向，无罪婴囚拘。
临难俟解纷，独知祁大夫。
举雠且不弃，何必论亲疏。
夫子党者也，其能遗我乎。

苏子冯明哲保身

楚庄王（？—前591），又称荆庄王，出土的战国楚简文写作臧王，芈姓，熊氏，名旅（一作吕、侣）。郢都（江陵纪南城）人，楚穆王之子。春秋时期楚国最有成就的君主，春秋五霸之一。楚庄王自公元前613年至公元前591年，共在位23年，后世对其多给予较高评价。有关他的一些典故，如"一鸣惊人"等也成为固定的成语，对后世有深远的影响。

公元前552年夏天，楚国的令尹子庚死，楚王决定让苏子冯做令尹。

苏子冯听说后，便去找申叔豫商量。申叔豫说："不可受任。如今楚王的宠臣很多，专以陷害人为能事，而楚王年纪又轻，易受谗言蛊惑。在这种情况下你出任令尹，能把国家的事办好吗？"苏子冯听后很害怕，决定不接受任命，但又找不到正当理由，就采用装病的办法。

楚国的夏天酷热难耐，苏子冯命人挖了一个地下室，在阴凉的地下室里又放上冰，使地下室里冷冰冰、阴森森的。然后，在地下室里放上床，就睡在那里。他身上穿两层棉衣，外面又罩上皮袍，一天吃很少的

东西，时间不长，就瘦得皮包骨了。

楚王听说苏子冯病了，便派医生为他诊治，医生看过之后，回来对楚王说："苏子冯身体瘦得不能再瘦了，但血气正常，没有生命危险。"

楚庄王听后，便改变了主意，让子南做了令尹。

■故事感悟

朝中宠臣当道，惑乱视听，楚王胸无主见，妄信宠臣之言。在这种情况下，苏子冯既无力改变现状，又不甘同流合污，除了明哲保身，他还能有什么办法呢？

■史海撷英

楚王问鼎

晋楚城濮之战后，楚国将自己扩展的方向转到东面。公元前613年，楚庄王即位后，楚国更加强盛。

公元前606年，楚庄王进攻陆浑（今河南嵩县北），一直打到洛水边，"观兵于周疆"，在周都洛阳陈兵示威。

周王派王孙满去慰劳，庄王竟问："鼎之大小轻重？"想要把鼎移到楚国来。

王孙满镇静地回答说："统治天下重在德，而不在鼎。"

楚庄王傲然地对王孙满说："你别阻止铸鼎一事，我们楚国只要把折断的钩（一种铜兵器）尖收集起来，就足够铸造九鼎了。"

楚庄王霸道十足，大有将周取而代之的气势。然而，周王的使者王孙满态度也十分强硬，楚庄王只好退出周疆。不过，楚国并未中止北上争霸的行为。

题楚庄王庙

（元）孔克学

寝殿萧条枕路岐，丹青剥落野风吹。
夜来庭树鸣高鸟，犹忆当年下令时。

王蠋舍生取义

王蠋（？—前284），战国时齐国画邑（今临淄区高阳乡）人，齐国退隐大夫。燕将乐毅攻破临淄，齐愍王逃奔莒州。乐毅敬慕王蠋，使人重金礼请他，并封他万户地方。王蠋说："与其屈从敌人，不如以死激励国人。"遂自缢死。众士民大夫无不感动奋起，共奔莒州，寻访愍王，图谋复国。

燕昭王二十八年（公元前284年），燕国乐毅为上将军，率领燕、秦、韩、魏、赵五国之兵伐齐，一路势如破竹，攻取齐国七十余城。乐毅身先士卒，统率燕军在前面冲锋陷阵，一直打到齐国的都城临淄（今山东淄博市南）。乐毅乘胜攻入临淄，将齐国的财宝祭器运往燕国。燕昭王闻之大喜，亲至济水犒军，将昌国城（今山东淄博市东北）封给乐毅，号昌国君。

时齐滑王逃至莒城（今山东莒县），遣使向楚国求救。楚顷襄王派大将淖齿率军20万救齐。淖齿见燕军强盛，暗中与乐毅相约攻齐。淖齿佯请齐滑王来营阅兵，乘机捉住齐滑王，将其吊在庙堂的横梁上，抽其筋，齐滑王很快致死。太子田法章落荒而走。后莒城王孙贾率城中百姓将淖齿杀死，楚兵遂散，有的返楚，有的降燕。

乐毅率兵打到画邑（今山东淄博市东北），听说画邑是齐国高士王蠋的故乡，便打算借助王蠋的名声来收买齐国的民心。王蠋曾是齐滑王手下的一名老臣，官为太傅，曾为谏齐滑王不要骄横残暴，险些被齐滑王斩首。此后，王蠋便辞官归隐。

燕军初抵画邑，乐毅严令军队道："画邑周围30里内不许进入，违令者格杀勿论！"以此显示对王蠋的敬重。

不久，乐毅派人携带重礼，去见王蠋道："齐国有很多人赞慕您的正义品德，上将军乐毅欲拜您为将军，赐您万户领地。"王蠋固辞不受。

燕军使者见收买不行，便逼迫王蠋降燕，对王蠋道："您如果不听从上将军乐毅之命，燕军将要血洗画邑。"

王蠋厉声答道："忠臣不事二君，贞女不更二夫。齐王不能纳谏，我才隐居耕田。如今燕军破齐，我无力复国，已觉无颜去见齐人，你们又以武力胁迫于我，令我作为你们的将军，实是助桀作虐。与其生而无义，倒不如将我处死为好。"遂乘燕使不备，自缢于树上，奋力挣扎，扭断脖子而死。燕使见状，只得空手回去复命。

逃亡在外的齐国大夫们闻听此事，感慨万分，相互传颂道："王蠋乃村野平民，尚且不肯向燕军屈节称臣，更何况我们这些在朝为官，享受朝廷俸禄的人呢！"

于是，他们相互串联，聚合起来，奔赴莒城，找到太子田法章，拥立他为齐襄王，号召齐国军民抵抗燕军。后燕昭王死，燕惠王即位，中齐将军田单反间计，派燕将骑劫取代乐毅，乐毅畏祸奔赵，田单终以火牛阵智破燕军，恢复齐国七十余城。

王蠋于齐国存亡之际，拒绝燕使的收买与要挟，挺身而出，以死侍君，号召齐国军民奋起抵抗燕军，在当时的确难得。时齐国城邑只有两

城未陷，齐滑王被吊死，太子流亡，臣民散落，哀鸿遍野。王蠋之举，于死水中重新掀起波澜，激励起齐国军民抗燕复齐之心，难怪齐大夫闻其"忠臣不事二君"之语，亦感叹万分。

王蠋为官时，能直言谏君，辞官退耕于野，独善其身；国既破亡，又义不降燕，以身殉国。立身处世，忠义耿介，为旧时君臣所垂青，故史载其名，流传至今。

■故事感悟

信仰是一个人在社会上能够立足的基本点，随便改变信仰，就是变节。所谓"士可杀，不可辱""古今皆有死，人无信不立"，这种维护信仰的行为，可以产生巨大的力量。王蠋作为一个旧时代的士人，面对社会上的各种压力，唯一可以依靠的就是他的思想，即所谓"道"。道只能依靠士人的个人人格来体现，所谓"贫贱不能移，富贵不能淫，威武不能屈"，就是说信仰的力量要到关键时候才会体现。

■文苑拾萃

别云间

（明）夏完淳

三年羁旅客，今日又南冠。
无限山河泪，谁言天地宽！
已知泉路近，欲别故乡难。
毅魄归来日，灵旗空际看。

陈平违令

陈平（？—前178），西汉阳武户牖乡（今河南原阳）人，以谋略见长。楚汉相争时，陈平初在项羽手下做谋士。早期曾被项羽重用，后因得罪亚父范增，逃归汉王刘邦帐下，曾多次出计策助刘邦。西汉建立后，任右丞相，后迁左丞相，曾先后受封户牖侯、曲逆侯（今河北顺平县东），死后谥献侯。"反间计""离间计"，均出自其手。

在封建统治者手下做事，仅仅有忠心与小心是不够的，因为统治者内部会出现争权夺利的种种矛盾，无论站在哪一方，都会有"站错队"的危险。因此还必须细心，观察形势变化，选择最适当的处理方式。

汉十二年（公元前195年）三月，刘邦因征英布时被流矢所伤，病情严重。这时，有一个与樊哙不和的侍臣借机向刘邦谗言道："樊哙为皇后妹夫，与吕氏结为死党，闻他暗地设谋，待陛下万岁之后，引兵入都，尽诛戚夫人、赵王如意等人，不可不防！"

刘邦本忧虑日后戚氏母子的安危，闻言大怒，不管真伪，立即召陈

平、周勃于榻前，说道："樊哙党同吕后，盼我速死。今命你二人，持诏前往燕地，速斩哙首，不得有误！"又叮嘱周勃道："樊哙被斩后，你可代哙为将，讨伐叛王卢绾。"

二人闻令大惊，见刘邦盛怒，且重病在身，也不敢问明原因，只得奉命退出，整装北行。

在路上，二人私语道："樊哙本是陛下故人，积功甚多，又是吕后妹夫，事关皇亲贵戚。主上不知听了何人谗言，盛怒之下，欲斩樊哙，难免事毕后悔。我们最好权宜行事，将樊哙擒住后押往京师，请主上亲自发落。"二人议好后，星夜赶往燕地。

数日后，二人已入燕境，行至距樊哙军营几里处停下，筑好坛，派人持诏往召樊哙。此时，樊哙正欲发兵追赶卢绾，闻汉使来召，只得随使来到坛前，跪地听诏。

陈平登坛宣敕，才读到一半，突有武士数人，从坛下窜出，乘樊哙不备，将其擒获。樊哙正要挣扎，陈平忙从坛上走下，向樊哙低言数语，樊哙方服绑。二人见目的达到，周勃自去统军；陈平押解樊哙，缓缓而行赶往长安。

这一日，正行间，忽然听到刘邦驾崩的消息。陈平怕吕后、吕媭迁怒自己，令车马慢慢行进，自己打马先行，匆匆入都，直奔宫中，在刘邦灵前跪下，边拜边哭。

吕后见陈平已回，忙问樊哙情况。陈平道："臣奉命往斩樊哙，因念哙有大功，不敢加刑，现已押解来京，听候发落。"吕后听后，方转忧为喜，令陈平下去休息。陈平因怕有谗得逞，固请留在宫中，充当戌卫。吕后见陈平办事有心，当即拜其为郎中令，称他傅相嗣君。至此，陈平才放下心来，起身谢恩，告辞而出。

数日之后，樊哙到都，吕后诏令，赦其无罪，复其爵邑。刘邦病重期间，听信谗言，欲斩樊哙。陈平奉命，心知事关重大，一有不慎，不仅自己性命难保，恐还累及三族。所以在行事过程中，陈平有意违诏，将樊哙押解来京，听候发落。如刘邦仍在，杀、赦皆出自帝令；如刘邦驾崩，也可向吕后交代。事实证明，陈平确实计高一筹。不仅保护了自己，还得拜郎中令，傅相嗣君。

陈平献策擒韩信

公元前202年二月，刘邦登上皇帝宝座，史称汉高祖，封韩信为楚王。但不久却有人上书说楚王韩信谋反。刘邦向诸将征询对此事的意见，大家都说："赶紧发兵，活埋这个忘恩负义的小子！"

刘邦知道，这些并不是什么好主意，所以就没吭声。这时的张良已经借口有病而功成身退了，只有陈平仍然在刘邦身边，为他出谋划策。

于是，刘邦便向陈平请教，陈平说："从前，天子经常在全国各地巡行，会见各地诸侯。在南方，有一个名叫云梦泽的地方。陛下可以佯装去那里游玩，要在陈州会见各路诸侯。陈州在楚地西界，韩信听到天子出游到自己的地盘上，自然会来谒见。那时陛下便可以把他抓起来。这样，您根本不用派兵，只需一个武士就足够了。"

刘邦依照陈平的计策行事，韩信果然在路中央迎候。于是，刘邦立刻命武士将韩信捆了起来，投入囚车中。

后来，刘邦把韩信贬为淮阴侯，留在京城，不让他再到外地任职，韩信再也没有用武之地了。陈平的这一计谋，很轻松地避免了一场战争，

为国家消除了再度分裂割据的祸根，也为新王朝的统一与安定作出了一大贡献。

□ 文苑拾萃

杂咏一百首·陈平

（宋）刘克庄

巧言愚冒顿，厚赂饵阏氏。
秘计言之丑，刚云世莫知。

法真隐逸独善其身

法真（100—188），字高卿，号玄德先生，扶风郡郿县（今陕西眉县）人，是东汉末年南郡太守法雄之子，也是三国时代蜀汉集团谋士法正的祖父。

法真年少时期便聪颖好学，遍览百家，精通各家学问，后来成为当地有名的大儒。他的父亲法雄原来曾当过南郡太守。

法真虽然出身官宦之家，性情却恬静寡欲，不屑介入政事。扶风郡太守听说后，就邀请他见面。法真应邀前往。

太守问法真说："春秋时期，鲁哀公尽管不是贤君，但孔仲尼却愿意向他称臣。而现在，我德薄名虚，但想委屈你任郡功曹，如何？"

法真回答说："我所以来见您，是因为您待人有礼。而如果您想让我做官吏，我还是宁愿躲到北山之北、南山之南了。"

太守听法真这样说，也就不敢再提了。

后来，朝廷又举荐法真为贤良，法真也没有答应。同郡人田弱也多次举荐他。一次，汉顺帝西巡，田弱又趁机向顺帝推荐。顺帝先后四次征召他，法真非但一次也没有答应，反而隐居了起来，再也没有露面。

法真的一个朋友称赞他说："法真这个人，只可闻其大名，不可见其真人。他不想出名，但名声却总伴随着他，他逃避功名，但功名却老追着他跑。真可以当百世之师了。"

法真生活在东汉后期，朝廷内宦官外戚之争，党人之禁不断，可谓是昨为人上人，今为阶下囚。丢官、坐牢、禁锢、杀身，这样的悲剧时常上演。但法真却远离了这些政治纷争，视功名利禄为粪土。

在东汉后期险恶的政治环境里，法真能以89岁高龄善终，不能不归功于他隐逸立身的缘故。但他这样只求独善其身，不求兼济天下的表现也无法使他实现伟大的人生价值。他所拥有的功名才是真正无所作为的虚名。

□故事感悟

法真之所以能在官场倾轧的东汉时期独善其身，与他博览群书、留意时局有密切关系。他读书并非为了做官，而是以促进个人修养为目的，这也是他能够拒绝入仕的动力。不过，法真如此高深的学识，只为保证自己的善终，又显得可惜。隐逸体现了个人的清醒头脑，却不能说明应变的能力。

□史海撷英

宦官乱政

东汉时期的汉顺帝是个性格温和软弱的人。因为他的皇位是靠宦官得来的，所以就将朝廷的大权都交给了宦官。后来，宦官与外戚梁氏相互勾结，致使出现了长达二十多年的梁氏专权。结果在宦官、外戚互相勾结、弄权专横的统治下，汉朝政治更加腐败，阶级矛盾日益突出，百姓怨声载道，简直是民不聊生。

建康元年（144年），汉顺帝去世，年仅30岁，在位19年。

阮籍醉酒避是非

阮籍（210—263），字嗣宗，陈留尉氏（今河南开封）人。三国时期魏国诗人，"竹林七贤"之一。曾任步兵校尉，人称阮步兵。与嵇康并称嵇阮。

饮酒在中国文化传统中占有重要位置。因为在中国人看来，人与人关系如何，常以是否在一起吃过饭、一块儿喝过酒作为标志。通过醉酒，人进入直率任性的状态，不必掩饰自己的内心，这样醉酒之人做错了事，也容易让人原谅。在残酷的政治争斗中，也会有人在醉酒上做文章，并能取得意想不到的效果。西晋时的阮籍，就是这样一位成功者。

魏晋之间，曹魏集团和司马氏集团为争夺统治权斗争激烈，社会动乱，许多知识分子因此成为曹魏集团和司马氏集团斗争的牺牲品，凡知名人士很少有好结果的。

阮籍的父亲阮瑀是曹操的僚属，著名的"建安七子"之一。司马氏为了篡夺曹魏政权，对曹魏集团里的人进行残酷打击，大行杀戮，毫不留情。

自正始十年（249年）司马懿策划政变，诛灭曹爽三族起，到景元三年（262年），司马昭诛杀思想异己分子嵇康、吕安等人，短短的十几年中，司马氏集团血腥镇压了政敌一方的几十个家族及其亲党，还有一大批无辜的知识分子。

由于家庭出身，阮籍自然受到社会的注意。尽管他志气宏达豪放，性格傲岸孤高，从小就有匡时济世的抱负，但在当时人人惴惴不安的恐怖气氛下，他却只能佯为放荡不羁，喜怒不形于色，不干预世事，不臧否人物，忘情于山水之间。

早年他对世道失望，因此朝廷多次征聘，他都不肯出仕。曹爽专权时，阮籍曾被召为参军，但他以病推辞，隐居乡间。

一年多后，曹爽被诛，人们都佩服他的远见。后来司马氏掌权，士大夫如果不接受笼络，便有被害之虞，他这才应诏出仕，以避免当权者的加害。但他"居官无官之意"，做官近乎胡闹，一则是因为不愿为司马氏效力，二则也是为了让司马集团以为他只是徒有虚名而无实学的人，不被猜忌。

遇到政治难题，他常常用醉酒不醒来躲避是非。醉酒是他用来保护自己不被人陷害的一种方法。

司马昭看到阮籍名声很大，极力要把他拉到自己的营垒，这对于打击、瓦解曹魏集团也会发生很大作用。于是就派人到阮籍那儿，为他的儿子司马炎提亲，要和阮籍结为儿女亲家。

阮籍听说后，十分惶恐。他不愿依附于司马集团，当然也不想和司马氏联姻；但是若要一口拒绝婚事，就会性命难保，怎么办呢？他就拼命饮酒，喝得酩酊大醉，不省人事。等提亲的官员来到，只见他呼呼大睡，怎么推他、喊他，都醒不了。第二天再来，依然大醉不醒。

后来司马昭亲自来提亲，阮籍仍然大醉不醒。连连几十次，都是如此。弄得司马昭一直没有机会开口，又感到阮籍真是一个会误事的酒鬼，婚事只好作罢。

　　阮籍这次醉酒，整整醉了60天，终于避开了这个难题。钟会是个心怀不轨的人，老想陷害阮籍。他曾好几次去找阮籍，提出一些时事政治问题来问他。

　　阮籍看出他是想根据自己的回答或赞成或反对，来罗织罪名，因此等他一来，就请他喝酒，边喝边聊。钟会一谈及时事政治，他便已醉醺醺的，迷迷糊糊了，似乎什么话都听不清楚，什么话也说不了了，搞得钟会对他一点儿办法都没有。尽管多次摆设圈套，却不能抓到一点儿把柄。因此，阮籍也避免了遭受陷害。

　　一次，阮籍听说步兵兵营的厨师善于酿酒，还存有三百斛酒，他就主动请求去做步兵校尉。其实，这也是为了逃避政治斗争，给人以贪杯的假象，掩盖自己的面目。他对事务都弃置不管，成天悠游玩乐。司马氏也就放心了，不再加害于他。

　　阮籍在残酷的政治斗争中，无力与恶势力抗衡，便采取用醉酒来保护自己。他的好朋友嵇康则与他不同，公开发表离经叛道的言论，表示对黑暗统治和虚伪礼教的不满，结果没能逃脱钟会的陷害，终被司马昭所杀。

■故事感悟

　　阮籍不肯依附司马氏集团，又无力与司马氏集团对抗，只好采取躲避的办法。他醉酒60天，无非是想告诉司马氏集团自己只是个酒鬼，并不值得重视，因此暂时避免了祸害。当人要靠醉酒来掩饰自己时，

一定是到了形势紧迫的时候。不过作为一种应变之策，这种方法仍然有可取之处。

■史海撷英

阮籍的诗歌成就

阮籍的主要作品为五言《咏怀诗》82首，代表了他的主要文学成就。此外，他还有四言《咏怀诗》，现存13首。这些诗的具体写作时间和写作背景已经难以考证了，通常被认为并非一时之作，而是他生活的不同时期的作品，总题为"咏怀"。

《咏怀诗》全部都是抒情述怀一类的作品。因阮籍所生活的时代，政治环境比较特殊，加上他的性格和处世态度也很独特，所以他的诗歌就极有个人特色。李善在《文选》注引说："嗣宗身仕乱朝，常恐罹谤遇祸，因兹发咏，故每有忧生之嗟。虽志在刺讥，而文多隐避，百代之下，难以情测。"

可见，阮籍的诗歌在内容上是以感叹身世为主，同时含有讥刺时事的成分，表现方式可谓曲折隐晦。

■文苑拾萃

采薪者歌

（魏晋）阮籍

日没不周西，月出丹渊中。
阳精蔽不见，阴光代为雄。
亭亭在须臾，厌厌将复隆。
离合云雾兮，往来如飘风。

富贵俯仰间，贫贱何必终。
留侯起亡虏，威武赫荒夷。
邵平封东陵，一旦为布衣。
枝叶托根柢，死生同盛衰。
得志从命升，失势与时隤。
寒暑代征迈，变化更相推。
祸福无常主，何忧身无归。
推兹由斯理，负薪又何哀。

刘伶病酒欺妻

刘伶（221—300），字伯伦。西晋时期沛国（今安徽宿县）人，"竹林七贤"之一。曾为建威参军。晋武帝泰始初，对朝廷策问，强调无为而治，以无能罢免。平生嗜酒，曾作《酒德颂》，宣扬老庄思想和纵酒放纵之情趣，对传统"礼法"表示蔑视。

在封建专制政治极其险恶时，人的聪明往往成为自己的祸害，只有把聪明藏起来，才能活下去。在考虑如何掩饰自己的聪明时，人们不约而同想到了酒。

刘伶身材矮小，其貌不扬。他不随便和人交往，但要遇到阮籍、嵇康这些朋友，就会兴高采烈，携手同游竹林。他为人沉默少言，然而不拘行迹，性情旷达。

刘伶最喜欢喝酒，而不以家产有无为念。他常常坐着鹿车，随身带着一壶酒，让人扛着一把铲在后面跟着，嘱咐说："如果我喝酒死了，你就随地埋我。"其放浪形骸竟然到了这个地步。

刘伶纵酒无度，毫无拘束。有时在家里喝得高兴了，便脱去衣服，赤身裸体。正好有人进来，看见他光着身子，便讥笑他不成体统。他反而嘲弄别人道："天地是我的房屋，房屋是我的衣服裤子，你们这些人竟然钻到我的裤子里来了，干吗啊？"

有一次，刘伶因为酒喝得太多害了酒病，口渴得很厉害，便又向妻子要酒喝。他妻子把酒倒掉，把酒器也全毁坏，哭着求他说："你喝酒喝得太多了，这不是养生之道啊，你还是把酒戒了吧！"

刘伶听后说："对啊！我应该戒酒！可是我自己戒不了酒，只有祷告鬼神立下誓言才能把酒戒掉。你赶快去准备酒肉，好让我向鬼神祷告！"

妻子听了刘伶的话，赶紧把酒肉备办好，让刘伶来发誓。刘伶跪下祷告说："天生刘伶，以酒为名。一饮一斛，五斗解酲（酲，指喝醉酒神志不清）。妇人之言，慎不可听。"

说完，他拿起肉来下酒，又喝了个酩酊大醉。

又有一次，刘伶喝醉了酒，得罪了一个壮汉。那汉子挽起袖子，就要抡胳膊揍他。刘伶见这架势，不紧不慢地对他说："你要打我，那还不容易吗？只是你看看这几根瘦瘦的肋骨，还不足以放下你那尊贵的拳头啊！"

那汉子一听此话，再看看他的模样，禁不住被逗乐了，举起的拳头也就随着笑声放下了。

刘伶平时不大留意文章翰墨，只写过一篇《酒德颂》，歌颂酒的功德能使人"无思无虑，其乐陶陶""俯观万物，扰扰焉若江海之载浮萍"。

刘伶性情淡泊，曾经做过几天建威参军，就不再做官了，所以没有遭遇什么祸害，能享尽天年。

刘伶的嗜酒如命和狂放，是他在社会动乱时代保护自己的策略。一酒消百愁，其中有自我麻醉的因素，但也包含着对封建专制统治的反

抗。虽然这种反抗是消极的、无力的，然而比起为虎作伥来，却要高尚得多。

残酷的现实使刘伶不能发挥自己的才华，而处处要小心被杀身的陷阱，因此他放纵立身，否则也会像当时许多正直的名人一样，在黑暗势力的摧残下，英年早逝。

■故事感悟

刘伶醉酒与嗜酒，都是为了在统治者面前掩饰自己的聪明。他作为"竹林七贤"之一，不去说贤者的学识，只说酒，是最好的自我保护办法。在人把聪明视为危险的时候，只有以装傻求生。饮酒是装傻的方式，作贱自己也是这样一种方式。想要出淤泥而不染，总是要为自己寻找一条生存的道路。

■史海撷英

刘伶与杜康

刘伶素以善饮著称。有一次，他来到了杜康酒家，只见门前挂着酒旗，门两旁的对联写的是：猛虎一杯山中醉，蛟龙两盅海底眠。横批是：不醉三年不要钱！刘伶带着疑惑，走进了杜康酒家。

杜康拿出酒来让刘伶喝，并嘱咐道："您喝我的酒，只能喝一盅，多了就会醉的；不醉则已，一醉三年！"

刘伶不以为然，开口就说："请您给我拿三杯酒来！"杜康无奈，只好把他要的酒都拿来让他喝。

刘伶不信，就连喝三盅，结果真的醉了。他摇摇晃晃地走到家，对妻子说："我喝了三杯杜康酒，马上会醉死！你替我弄些酒糟，准备放在坟内棺材的四周。还有，我平常喝酒的酒壶、酒盅等一些东西，都放在我躺的棺材里。"说完，刘伶就没气了。

于是，他的妻子就按照刘伶的话，把丈夫埋到祖坟上去了。

三年过去了，有一天，杜康来到刘伶家，对他的妻子恭恭敬敬地说："刘伶不是真的死了，而是醉了。今天正好是他酒醉三年的最后一天，他该醒酒了。您快领我到他的坟上去，把他扒出来。不然错过时间就麻烦了！"

刘伶妻子闻言，赶紧领着杜康来到刘伶的坟前，将坟墓挖开，然后打开棺材盖一瞧，只见刘伶躺在棺材里，面色红润仿佛在睡觉一样。

杜康用手轻拍他的肩膀，说："刘伶，你酒醉三年，该醒酒了。"

刘伶果然应声睁开了眼睛，伸伸胳膊，懒洋洋地坐了起来，说："我怎么感到这样疲乏？哦，想起来了！我喝了你杜康造的酒，真是又香又甜啊！杜康好酒！杜康好酒！"

■文苑拾萃

酒德颂

（魏晋）刘伶

有大人先生者，以天地为一朝，万朝为须臾，日月为扃牖，八荒为庭衢。行无辙迹，居无室庐，幕天席地，纵意所如。

止则操卮执觚，动则挈榼提壶，唯酒是务，焉知其余？

有贵介公子，缙绅处士，闻吾风声，议其所以。乃奋袂攘襟，怒目切齿，陈说礼法，是非锋起。先生于是方捧罂承槽，衔杯漱醪。奋髯箕踞，枕麹藉糟，无思无虑，其乐陶陶。兀然而醉，豁尔而醒。静听不闻雷霆之声，熟视不睹泰山之形，不觉寒暑之切肌，利欲之感情。俯观万物，扰扰焉如江汉三载浮萍；二豪侍侧焉，如螺蠃之与螟蛉。